교사라는 세계

교사라는 세계

1판 1쇄 발행 2023년 4월 10일
1판 2쇄 발행 2023년 6월 9일

기획 서울교사노동조합
지은이 김민지·김자영·이승희·주연
펴낸이 이기준
펴낸곳 리더북스
출판등록 2004년 10월 15일(제2004-000132호)
주소 경기도 고양시 덕양구 무원로 6번길 12(행신동, 대흥프라자빌딩) 815호
전화 031)971-2691
팩스 031)971-2692
이메일 leaderbooks@hanmail.net

ISBN 979-11-90616-91-1 03370

서울교사노동조합 기획

김민지·김자영·이승희·주연 지음

교사라는 세계

학교의 안과 밖이 보다 진솔하게 소통하는 자리가 마련되길

조희연(서울특별시교육청 교육감)

누구나 학교에 다녔습니다. 그래서 학교에 대해 잘 안다고 여기곤 합니다. 하지만 오늘의 학교와 학생은 중장년 세대가 기억하는 모습과 많이 다릅니다. 지난 수십 년 사이, 한국 사회는 큰 변화를 겪었습니다. 학교 역시 사회와 호흡하며 변화를 거듭했습니다.

여기, 1990년대에 태어난 네 분의 선생님이 오늘의 학교에서 보고 듣고 겪은 일을 담은 책이 있습니다. 어제와는 다른, 오늘의 학교를 이해하려면 꼭 읽어야 하는 책이라고 생각합니다.

학교가 헤쳐온 변화를 온몸으로 겪었던 선배 교사들에게도 추천하고 싶습니다. 저 역시 이 책을 읽으며, 90년대생 교사의 시각을 간접 체험할 수 있었습니다.

이 책에는 코로나 위기 속에서 몸이 아플 틈조차 없이 바빴던 보건 선생님의 사연이 있습니다. 임용을 준비하며 배웠던 교육이론과는 확연히 다른 학교 현실 앞에서 고민하고 갈등하는 선생님의 경험도 있습니다.

이 책을 통해 젊은 교사의 눈에 비친 학교를 살피는 일은, 다양한 세대가 공존하는 교육 공동체를 이루기 위한 디딤돌이 되리라 생각합니다.

아울러 학부모님과 시민 여러분들께도 권하고 싶습니다. 조용하지만 큰 변화를 겪고 있는 학교에 대해 보다 생생하게 느끼는 기회가 되리라 생각합니다. 그리하여, 학교의 안과 밖이 보다 진솔하게 소통하는 자리가 마련되기를 기대합니다.

다르지 않구나, 우리 거기에서 만나요

박근병(서울교사노동조합 위원장)

저는 30년 가까운 경력의 초등교사입니다. 작은 학교에 근무할 때는 학년부장을 하면서 친목회장, 과학정보부장, 청소년단체 총대장을 겸해 본 적도 있고, 충북 제천에서 근무했을 때는 관리자와의 갈등 때문에 엄청 서러운 적도 있었고, 한 해는 아이들과의 관계가 힘들어 출근하기가 싫었던 적이 있었습니다. 30대 때는 대기업에 다니는 친구들의 연봉과 저의 연봉을 비교하며, 속상했던 적도 있습니다.

요즘 방송에서 연일 MZ세대에 대해 말합니다. 그래서 궁금했습니다. 소위 MZ세대 교사들은 어떤 생각을 하고 있을까? 처음에는 저와 많이 다를 것이라고 생각했습니다. 막상 이 책을 읽어보니 저의 생각이 틀렸더군요.

저는 학교에 있을 때 행복했던 적이 많았습니다. 아이들이 "선생님을 만나 꿈을 갖게 되었습니다."라고 말해주어 고마웠습니다. 학부모님들은 저에게 "우리 아이 담임 선생님이 되어 주셔서 감사합니다."라고 말해주셔서 겸연쩍었습니다. 저는 아이들에게 별로 해준 것도 없고, 되도록 많이 놀게 하고, 관계에만 신경 썼을 뿐인데 말입니다.

교사는 학생, 학부모, 교사 사이에 뭔가가 통할 때 기쁘고 충만해집니다. 교사는 그 순간을 위해 고군분투합니다.

이 책의 선생님들도 각자 다른 경험으로 제가 경험했던 것과 같은 순간을 그리고 있습니다. 시대가 변화하니 구체적인 현장의 모습은 달라질 수밖에 없지만, 우리는 교사로서 같은 경험을 공유합니다. MZ세대의 여부와 관계없이요.

이 책이 교사들에게는 함께하자는 희망의 노래가 되었으면 좋겠습니다. 교사가 아닌 독자들에게는 교사들이 주연을 맡은 한 편의 재미있는 이야기가 되었으면 좋겠습니다. 그리고 결국에는 교사, 학생, 학부모가 함께 질 높은 관계를 통해 교육의 가치를 공감하고 모두가 행복한 사회를 만들었으면 좋겠습니다. 그 사회에서 다 같이 만나고 싶습니다.

우리 거기에서 만나요.

90년대생 교사가 되다

원래는 학교를 시원하게 까려고 했다. 5년간 교사 생활을 하며 마음 속에 쌓아두었던 울분을 모조리 토해내고 90년대생의 시선에서 학교가 얼마나 꽉 막혀있고 답이 없는 조직인지 발칙하게 고발하려 했다.

그런데 글을 쓰다 보니 자꾸 다른 이야기로 방향이 잡혔다. 학생과 나누었던 소소한 대화, 교사라는 직업에 대한 고민, 동료 교사와 뜨겁게 토론했던 이야기들이 손끝에서 툭툭 튀어나왔다. 나도 몰랐던 속마음을 엿본 느낌이었다. 내가 정말 하고 싶은 이야기는 따로 있었다는 사실을 비로소 깨달았다.

추락한 교권, 무너진 교실, 비민주적인 교육행정 속에서 고군분투하면서도 끝까지 학교를 떠나지 않고 남아있는 교사들에 대해 말하고 싶었다. 어떤 글은 쓰기 전부터 눈물이 솟았고, 어떤 글은 쓰면서 혼자 웃을 만큼 유쾌했으며, 어떤 글은 썼다 지우기를 수십 번 반복할 만큼 버거웠다. 중간에 집필을 멈추고 싶은 순간도 있었다. 그런데도 끝까지 글을 붙들었던 이유는 '우리'의 이야기를 '우리'의 목소리로 들려주고 싶었기 때문이다.

이 책은 약 반년 동안 초등학교, 중학교, 고등학교 교사 네 명이 모여 썼다. 학교에서 울고 웃었던 소소한 일화에서부터 각자의 학급 경영 비법, 우리나라 교육 제도에 대한 심도 있는 고민까지 다양하고 폭넓은 주제로 나누었던 우리들의 대화를 고스란히 글로 풀어냈다. 모든 것이 어려웠던 신규교사 네 명이 한 걸음 한 걸음 성장하며 각자의 세계를 만들어 나갔던 과정을 담담하게 그리고 솔직하게 담았다.

나는 이 책이 비단 교사뿐 아니라 모든 이에게 감동과 즐거움을 줄 것이라고 자신한다. 우리 모두의 어린 시절에 '선생님'이 함께 했기에, 그리고 지금도 우리 삶 가까이에 있고 쉽게 만날 수 있는 존재이기에. 교사라는 세계는 언제나 우리에게 친근하고 익숙하다.

교실과 학급, 수업, 학생과 학부모, 학교 내 인간관계 등 학교에서 고민하고 아파하는 모든 이들에게 이 책이 따뜻한 위로와 격려가 되길 바란다. 우리가 이 책을 쓰며 "우리는 왜 학교에 있는가?"라는 질문에 답을 찾았던 것처럼, 이 책을 통해 여러분의 삶에도 의미 있는 변화가 찾아오길 응원한다.

2023년 봄

김자영

차례

1장 교사라서 고민합니다

– 김자영

2장 정답은 없어도 빛나는 교사 생활

– 이승희

3장 흔들리는 꽃들 속에서

- 김민지

4장 꿈꾸는 교사의 좌충우돌 성장기

- 주연

1장

교사라서 고민합니다

김자영

제 꿈은 사이코 선생님입니다

대치동에서 만난 사이코

학창 시절에 악명 높은 선생님 한 분쯤은 만나봤을 것이다. 학교마다 미미(미친 미술), 제물포(재 때문에 물리 포기) 등 이름만 들어도 알 만한 별명을 가진 선생님들이 계셨다. 내가 다녔던 고등학교에도 악명 높은 선생님이 한 분 계셨는데, 그분이 학생을 체벌하거나 성격이 난폭하기 때문은 아니었다. 그분은 학교가 아니라 대치동 학원가에서 악명이 높았다. 수업을 제대로 하지 않고 시험 문제를 이상하게 내는 국어 선생님으로. 대치동 학원가에서 그분을 부르는 별명은 '사이코'였다.

"이번에 사이코가 고3 국어 맡는다는데?"

개학을 한 달 앞둔 2월, 학교 자습실에서 공부하던 나와 친구들에게 충격적인 소식이 들려왔다. 그분의 수업을 실제로 들어본 적은 없었으나 귓가에 들리는 흉흉한 소문만으로 질려버렸던 우리는 제발 사이코만 피하자는 심정으로 간절히 기도했다. 그런데 아뿔싸! 말이 씨가 된다더니…. 고등학교 3학년, 인생의 가장 중요한 시기에 '사이코'를 만나게 되었다.

걱정했던 일이 현실이 되었는데 이상하게도 오히려 마음이 차분해졌다. 어차피 대치동에서 학교 수업만으로 입시를 준비하는 학생은 거의 없었다. 수능 성적을 좌우하는 것은 어떤 교사를 만나느냐가 아닌, 어떤 일타 강사를 만나느냐였기 때문이다.

'괜찮아. 고3 공부는 나만 열심히 하면 돼. 학교 수업은 중요하지 않아.'

그렇게 애써 마음을 다독이며 사이코와 함께하는 첫 수업을 기다렸다.

첫 수업에서 사이코는 별명 값을 톡톡히 했다. 예상보다 더 충격적인 수업에 임하고 나서 우리는 경악을 금치 못했다.

"진짜 대박이다."

"나 이런 수업 처음 들어."

"어떻게 이런 수업을 하면서 학교에 계속 남아있지?"

사이코가 첫날 수업한 내용은 박용철 시인의 〈떠나가는 배〉였다. 그분의 지시에 따라 시를 낭송할 때까지만 해도 우리는 조만간 그가 분필을 들고 칠판에 멋들어진 판서를 시작하리라 예상했다. 그러나 사이코는 수업 내내 단 한 번도 분필을 들지 않았다. 심지어 칠판을 돌아보지도 않았다. 학원가에서 붙인 악명에 걸맞게 그분은 정말 아무것도 가르치지 않았다. 그저 우리에게 질문만 던졌다.

"화자는 어디로 가는 걸까요? 왜 가는 걸까요?"

"떠나는 화자의 마음은 어떨까요?"

"왜 '나 두 야'라는 표현을 사용했을까요?"

"'가련다'와 '간다'라는 표현은 어떤 차이가 있을까요?"

우리는 시 중에서도 겨우 한 구절, '나 두 야 가련다'의 의미를 파악하기 위해 한 시간을 토론했다.

"화자는 도망가고 있는 것이 아닐까? 현실이 너무 고달프니까 도피하는 거지."

"그렇다고 보기엔 뭔가 의지적인 어조가 느껴지지 않아?"

"시인이 '나 두 야'를 한 글자 한 글자 띄어 쓴 것은 분명 무슨 의도가 있는 것 같아."

우리가 어찌어찌 짜맞춘 해석을 발표해도 사이코는 긍정도 부정도 해주지 않았다. "그렇게 해석할 수도 있겠네요. 다른 의견은 없나요?"라고만 말했다.

그렇게 시에 관해 수업했다. 분명히 많은 작품을 다뤘는데 중간고사를 며칠 앞둔 날, 우리의 교재는 필기 하나 없이 깨끗했다. 필기한 것이 없으니 암기할 내용이 없었고 시험 전날에도 무엇을 공부해야 하는지 갈피를 잡을 수 없었다.

"야, 망했다. 너는 국어 공부 어떻게 했어?"

"할 게 없던데. 그냥 시 몇 번 훑어보고 왔어."

"수업 이따위로 해놓고… 시험 망치면 진짜 항의할 거야."

"아, 우리 고3이라고. 고3 내신 진짜 중요한데."

우리는 다들 이를 갈면서 시험 시간을 기다렸다. 강의식으로 하루에 두세 작품을 빠르게 익히고 넘어가는 수업이 익숙하던 우리에게 아무것도 알려주지 않고 시험장에 밀어 넣는 사이코의 행동은 무책임 그 자체로 여겨졌다.

그런데 한 시간 후 시험을 마치고 사이코에 대한 여론이 뒤집혔다. 정확히 정반대였다.

"시험 뭐야? 내신 아니고 완전 수능식이야. 낯선 작품이 왜 이렇게 많아."

"야 근데 꽤 풀어볼 만하지 않았어? 나는 생각보다 잘 본 것 같아."

"신기하게 다 풀리던데?"

진심이었다. 낯선 작품과 새로운 유형의 시험에 당황한 것도 잠시, 우리는 예상외로 문제를 술술 풀 수 있었다. 시험지에 지식을 암기해야 풀 수 있는 문제는 하나도 없었다. 충분히 생각한다면 다 풀리는 문제들이었다.

시험이 끝나고 나서야 우리는 사이코가 왜 아무것도 가르치지 않았는지 뒤늦게 깨달았다. 그는 우리가 스스로 생각하기를 바랐던 것이다.

정답과 오답을 굳이 알려주지 않은 이유 역시 우리가 생각의 범위와 방향을 좁히지 않기를 바랐기 때문이었다. 우리의 교재는 새하얬지만, 덕분에 시험을 코앞에 둔 순간까지도 시의 의미에 대해서 계속 추론하고 상상할 수 있었다. 만약 사이코가 핵심 개념과 지식을 필기시켰다면 우리는 형광펜으로 중요 단어 몇 개에만 동그라미를 치고 다음 장으로 넘어가지 않았을까.

중간고사가 끝난 뒤로도 사이코의 수업은 질문과 대답으로 이루어졌다. 우리는 대화를 나누느라 손에 샤프를 쥘 시간도 없었다. 한 학기 내내 나의 국어 교재는 깨끗했지만, 머릿속에는 배움이 가득했고, 시험 문제를 푸는 데도 전혀 어려움이 없었다. 무엇보다 국어가 정말 재미있었다. 사이코를 만나고 처음으로 국어 교사가 되고 싶다는 꿈이 생겼다.

학생 중심 수업이 강조되는 요즘은 사이코의 수업 방식이 바람직하다고 칭찬받을지 모르나, 내가 고등학생이었던 때만 해도 항의받기 충분한 수업이었다. 특히 난다 긴다 하는 일타 강사들이 넘쳐나고, 대학 입시를 위해 눈에 불을 켜고 달려드는 학생과 학부모가 가득한 대치동에서 고등학교 3학년을 상대로 토론식 수업을 운영하기란 쉽지 않았을 것이다. 학원가에서는 그의 수업 방식이 또 얼마나 눈엣가시였을까. 내신 대비를 해줄 수도 없게 수업하고 시험 문제를 내니 나 같아도 그에게 '사이코'라는 별명을 붙여주고 싶었을 것 같다.

요즘 아이들은 생각이 없습니다만

지금 나는 5년 차 국어 교사가 되어 중학교에서 학생들을 가르치고 있다. 내가 근무하는 동네 역시 대치동 못지않게 학구열이 뜨거운 곳이라 사교육 열풍이 대단하다. 학생들이 읽는 책도 평균적인 중학생 수준에 비하면 높은 편이어서 헤르만 헤세의 《데미안》이나 재레드 다이아몬드의 《총, 균, 쇠》를 읽는 모습이 흔하다. 그런 모습만 보면 정말 우리 학교 학생들은 생각의 수준이 높은 것 같다.

그런데 참 이상한 점은 수업 시간에 학생들에게 질문을 하면 나오는 답이 천편일률적이라는 사실이다. 답이 정해져 있지 않은, 그야말로 주관이 듬뿍 들어갈 수밖에 없는 질문을 던져봐도 학생들의 답은 비슷하다. 그런 학생들의 교과서를 들여다보면 열이면 열 학원에서 알려준, 또는 자습서에서 보고 베낀 모범 답안들이 빼곡히 적혀 있다. 그래서 아예 교과서에 없는 전혀 새로운 내용으로 질문을 하면 학생들은 내 눈을 피하고 아예 입을 열지 않는다.

하루는 내가 던지는 질문의 난도가 너무 높은가 싶어 쉬운 질문을 던져 봤다. 여러 선택지를 주고 가장 좋은 것을 고르라고 한 다음 왜 좋은지 물어봤다. 그러자 나름대로 자신의 의견을 잘 풀어나가는 학생들도 있었지만 몇 명은 "그냥요."라고 대답했다.

"그냥 좋은 게 어디 있어? 구체적으로 어떤 점이 좋았니?"

"그냥 전반적으로 좋았어요."

이런 문답을 몇 번 하다 보니 나중에는 칠판에 '그냥요 금지'라는 팻말을 붙이고 싶은 충동까지 들었다. 좋은 것이 왜 좋은지도 설명하지 못하는 학생들이라니. 이런 학생들이 《데미안》을 읽고 《총, 균, 쇠》를 읽어서 도대체 무슨 의미가 있는 것일까?

수업 시간에는 반대로 내가 질문을 받기도 한다. 특히 시험일이 가까워질수록 학생들이 나를 찾아오는 빈도수가 늘어난다. 그런데 신기한 점은 서로 다른 학생들에게서 토씨 하나 다르지 않은 똑같은 질문이 하루에도 네다섯 번씩 쏟아진다는 것이다. 서로 합의하고 오는 것도 아닐 텐데 어떻게 모두가 똑같은 질문을 할 수 있을까? 그 원인은 학원이었다. 학원 강사가 특정 부분에서 시험 문제가 나올 수 있으니 학교에 가서 답이 정확히 무엇인지 알아 오라고 했단다.

공부란 질문에서 시작해서 질문으로 끝난다고 생각한다. 어떤 대상을 처음 보면 우리는 "저것은 뭘까? 무엇에 쓰는 물건일까? 어디에서 온 것일까?"처럼 질문을 던지기 시작하면서 그 대상을 알아간다. 그리고 대상을 어느 정도 알게 되면 "다른 방법으로 쓸 수는 없을까? 혹시 내가 가지고 있는 것과 합쳐볼 수는 없을까?"처럼 독창적인 질문을 하게 된다. 그렇게 사람의 사고가 발전하고 생각이 깊어진다. 그래서 나는 학생의 질문이 아무리 터무니없고 엉뚱한 질문이라고 해도, 궁금증을 가졌다는 사실만으로도 고맙고 대견해서 칭찬을 해주는 편이다.

그런데 그 질문이 학생의 호기심과 고민의 결과가 아니라 학원 강사의 말을 앵무새처럼 따라 한 것에 불과하다는 사실을 깨달았을 때, 나는 발밑이 꺼지는 듯한 아득함을 느꼈다. 그리고 당황한 표정을 애써 숨기며 답을 설명해주는 과정에서 한 번 더 충격을 받았다. 어떻게든 학생이 직접 생각해보는 기회를 주려고 역으로 질문을 던졌는데 학생이 답답해하며 "아, 쌤. 그냥 답만 바로 알려주면 안 돼요?"라고 말했기 때문이다.

그 뒤로 학생의 입을 통해 들어오는 학원 강사의 질문에는 답을 해주지 않는다. "글쎄, 선생님은 잘 모르겠네? 너희가 한 번 생각해봐."라고 돌려보낸다. 그러면 학생들은 답답해하면서도 자기들끼리 머리를 맞대고 토의한다. 이게 맞네, 저게 맞네 하며 아웅다웅하는 학생들을 볼 때면 '그래, 그나마 저 모습이 더 보기 좋네.'라는 생각이 든다.

사이코라도 괜찮아

몇 년 연속 같은 문제를 겪다 보니 이제는 아예 첫 수업부터 선언해버린다.

"내 수업에서 입을 다물고 조용히 필기만 해서는 절대로 좋은 점수를 얻지 못할 겁니다. 여러분의 생각이 정답인지 오답인지 고민하지 말고 일단 밖으로 표현하세요. 여러분이 표현하는 만큼 수업은 재밌을

겁니다.”

3월만 해도 아직 내 수업 방식이 익숙하지 않은 학생들은 서로 눈치를 본다. 그렇게 교실에 정적이 계속 흘러도 내버려 둔다. 누군가가 손을 들고 입을 열기 전까지, 그리고 그 용기에 한 명 두 명 목소리를 내고 결국 교실이 시끌시끌해질 때까지. 한 달 정도 길을 들여놓으면 나중에는 내가 답을 알려주려고 해도 학생들이 먼저 신나서 “선생님, 이것도 발표하면 안 돼요?”라고 물어보기 시작한다.

교사로서 내 꿈은 학생들이 국어를 재미있다고 느끼는 것이다. 그래서 내가 고3 때 받았던 감동을 학생들도 받았으면 좋겠다. 무척 고맙게도 해마다 두세 명의 학생들이 편지를 써온다. ‘원래 국어를 정말 싫어했는데 선생님 덕분에 국어가 좋아졌어요.’라는 내용의 편지를 받을 때마다 얼마나 뿌듯한지 모른다.

아, 그리고 의도한 것은 아니었지만 나 역시 동네 학원가에서 악명을 조금 날리고 있다. 이상하게 수업하는 선생님, 시험 문제를 어렵게 내는 선생님으로. 평소 개념을 달달 외우기만 하고 스스로 고민해보지 않은 학생은 풀기 힘든 문제를 한두 문제씩은 꼭 출제하다 보니 학원에서 꽤 피곤해한다고 들었다. 그런 이야기를 전해 들을 때마다 나는 그저 웃고 만다. 그 악명이 칭찬으로 들리기 때문이다. 존경했던 사이코의 뒤를 잘 따라가고 있다는.

나를 통해 학생들이 국어가 얼마나 재미있고 흥미로운 과목인지 알게 된다면, 사이코라고 불리는 것도 꽤 멋진 일이 아닐까.

선생님도 궁합이 중요합니다

학교도 조직사회다

나는 배우 서현진 씨를 무척 좋아한다. 사극에서도 현대 로코물에서도 얼마나 찰떡같이 연기를 잘하는지 볼 때마다 감탄이 나와서 그녀가 나오는 작품이라면 무조건 챙겨볼 정도다. 본방송으로 보고, 재방송으로 보고, 나중에 유튜브 클립으로 또 봐서 명장면들은 대사까지 외울 수 있다. 그런 내가 딱 하나 최종회까지 못 본 작품이 있는데, 바로 드라마 〈블랙독〉이다.

이 드라마에서 서현진 씨는 대치고라는 가상의 학교에서 근무하는 기간제 국어 교사 고하늘 역을 맡았다. 얼마나 실감 나게 연기했던지 진짜 학교 교사를 데려다 촬영한 줄 알았다. 그래, 그게 문제였다. 배우들이 너무 실감 나게 학교 현장을 재현한 탓에 〈블랙독〉은 나에게 드라마가 아닌 다큐멘터리처럼 느껴졌다. 온종일 직장에서 시달리다 겨우 퇴근해서 쉬려고 누웠는데 뜬금없이 직장으로 다시 끌려 들어간 느낌이었달까? 드라마 속 사건이 남 일이 아니라 내 일처럼 느껴지자 마음이 불편해서 도저히 즐거운 마음으로 볼 수 없었다.

그중에서도 가장 기억에 남았던 일화는 1년 차 초임 교사 고하늘이 선배 교사 김이분과 교과 파트너가 되어 수업 내용을 상의하는 장면이었다. 중세국어문법을 가르치고 싶어 하던 고하늘에게 김이분은 진도 빼기도 바쁜데 수업에서 제외하자며 조언처럼 이런 말을 건넨다.

"쌤만 가르치고 난 안 가르쳐봐. 아이들이 뭐라고 생각하겠어? 쌤만 열심히 가르친다고 생각할 거 아냐. 고하늘 선생님 학교 처음이라며. 열정적인 거 다 좋은데 학교는 최대한 튀지 않는 게 좋은 거야. 수업이든 업무든 학교도 조직사회다."

김이분의 말을 듣는 순간 누가 머릿속을 세게 때린 것처럼 멍해졌다. 내가 학교에서 들었던 말과 너무나 똑같았기 때문이다. 극 중에서 고하늘이 교직 사회에 대한 환상과 희망을 품고 대치고에 들어왔다가 이상과 다른 현실에 당황했던 것처럼 나 역시 멋모르고 열정만 넘치다가 좌절했던 순간들이 있었다.

내가 만난 교과 파트너

"교사는 자기 마음대로 수업할 수 있지 않아?"라는 질문은 학교 일을 전혀 모르는 사람만이 던질 수 있다. 교사가 학급을 온전히 담당하는 초등학교의 경우는 교사의 자율성이 더 많이 보장되겠지만, 안타깝게도 중등에서는 그렇지 못한 경우가 많다. 교사 혼자 한 학년을 통째로 수업하는 경우에는 수업 자료도, 수업 방식도, 평가 방식도 마음대로 결정할 수 있겠지만 두세 명의 교사가 나누어 가르칠 때는 반드시 협의의 과정을 거쳐야 한다. 그렇게 한 학년을 나누어 가르치는 교사를 보통 '교과 파트너'라고 부른다.

교과 파트너와 궁합이 얼마나 좋은지에 따라 그해의 수업이 달라진다. 교육 철학이 비슷한 교과 파트너를 만나면 그 일 년은 정말 신나게 수업할 수 있다. 조금이라도 더 새로운 시도를 하고 싶어서 다른 출판사 교과서도 살펴보고, 영상 자료도 찾아보고, 대학교 전공 서적도 뒤적인다. 반대로 교육 철학이 다른 교과 파트너를 만나면 그 일 년은 수업이 정말 지루해진다. 괜히 기대하며 이런저런 제안을 했다가 핀잔을 듣기 십상이고, 더 나아가 불화까지 생기니 최대한 열정을 죽이게 된다.

교과 파트너와의 궁합을 판가름하기까지는 하루가 채 걸리지 않는다. 2월이 되면 학교에서는 신학기 집중 준비 기간을 운영하는데 그때 교과 파트너끼리 회의하는 시간이 있다. 이때 나는 방학 동안 생각해왔던 다양한 수업을 제안하면서 상대방의 반응을 살핀다.

"그렇게 하면 학생들도 배우는 점이 많겠네요. 좋아요, 우리 그렇게 해볼까요?"라고 대답해주는 교과 파트너를 만나면 그해는 정말 복 받은 거다. 감사하게도 나는 신규교사 때 정말 좋은 교과 파트너를 만났다. 그분은 나보다 더 열정이 넘치셨다. 우리는 서로 좋은 책을 소개해주고, 획기적인 수업 아이디어가 떠오르면 주말에도 연락하며 수업을 준비했다. 기간제 선생님이었던 터라 금방 헤어져야 했지만, 그 선생님과는 4년이 지난 지금도 연락을 주고받으며 만남을 이어가고 있다.

반대로 내 의욕을 꺾는 교과 파트너를 만날 때도 있다. "아… 그러면 채점이 너무 힘들지 않나요? 우리가 아이들 것을 어떻게 하나하나 다 봐요. 선생님, 우리 그냥 편하게 갑시다, 편하게."라는 반응이 나오면 그 해는 파이다. 머릿속으로 꿈꿔왔던 멋진 수업들은 고이 접어 넣어두고 최대한 무난한 방향으로 계획을 세운다.

코로나19가 전국적으로 유행하면서 학교에도 확진자가 속출하던 무렵이었다. 등교하지 못하는 학생을 위해 교육청에서는 따로 수업 자료를 제공하라는 공문을 내려보냈다. 나는 확진 학생들을 위해 수업 영상을 따로 찍어 일일이 메일로 보내주었다. 시험이 없는 학년이면 모르겠지만 내가 가르치는 학년은 중간고사를 봐야 했기에 수업을 못 듣는 것이 치명적이었기 때문이다. 혹시라도 수업을 찍어 보내주지 못하면 점심시간이나 방과 후에 불러 보충 수업을 해주었다. 개인적인 시간을 많이 빼앗겼고 신체적으로도 피곤했지만, 학생을 위하고 있다는 생각에 보람찼던 순간이었다. 이런 노력이 나를 공격하는 화살로 돌아올 줄은 꿈에도 몰랐다.

“아니 선생님, 선생님만 수업 영상을 찍어서 그렇게 보내주면 어떡해. 나는 수업 영상 안 찍는데 선생님만 그렇게 하면 비교되잖아. 우리 반 학생들이랑 학부모들은 선생님은 열심히 하는데 나는 아무것도 안 하는 사람처럼 볼 거 아니에요.”

그 말을 듣고 나는 할 말을 잃었다. “선생님도 하시면 되잖아요.”라는 말이 목구멍 끝까지 올라왔지만, 원만한 사회생활을 위해 간신히 그 말을 내리눌렀다. 그리고 선생님에게 최대한 사근사근 대답했다.

“어머, 제가 학생을 위하는 마음만 앞서 선생님을 배려하지 못했네요. 그러면 앞으로 제가 찍은 수업 영상을 선생님에게도 보내드릴게요. 선생님이 수업하는 반에 혹시 결석생이 나오면 제 영상을 보내주세요. 그럼 괜찮을까요?”

“정말? 그럼 나야 고맙지.”

인상을 찌푸리며 불평하던 선생님은 내 제안을 무척 반가워하셨다. 열심히 촬영하고 편집한 동영상을 메신저로 보내면서 “그 반 학생들을 위한 거야. 그 선생님을 돕는 게 아니라 그 반 학생들을 돕는 거야.”라며 나 자신을 위로했다.

언젠가 나도 매너리즘에 빠질까?

사회에서 항상 마음이 맞는 사람만을 만날 수 없듯이, 나의 수업 방식과 철학을 인정해주지 않는 교과 파트너도 있을 수 있다. 문제는 나의 열정을 귀찮아하는 동료 선생님을 만날 때마다 교직에 대한 열정이 사그라든다는 것이다. 발령 초기만 해도 나와 발령 동기들은 해보고 싶은 수업이 많았다. 서로 다른 과목을 맡고 있으니 융합 수업을 해보자는 제의도 있었고, 교원학습공동체를 조직해서 프로젝트 수업을 해보자는 의견도 나왔다. 그러나 이제 우리는 그런 이야기를 나누지 않는다. 대신 "우리 방학까지 얼마나 남았지? 아, 일주일 너무 길다."와 같은 하소연을 할 뿐이다.

인터넷을 보면 교사에 대한 비난이 무수히 많다. 그 많은 비난 중에 압도적인 비중을 차지하는 것은 "일 대충하고 돈 받아먹는다."라는 비난이다. 이 비난은 교사의 실제 업무량을 모르고 하는 소리이기에 억울한 면도 많지만, 때로는 교사의 열정이 꺾일 수밖에 없는 교직 사회의 분위기를 잘 보여주는 말이라는 생각이 든다. 열정과 패기로 가득했던 마음이 주변 동료의 거절과 만류로 인해 점점 깎여 나가다 보면 '아, 그냥 대충할까. 이거 한다고 월급 더 주는 것도 아니고 괜히 일 벌인다고 안 좋은 소리만 듣는데.' 같은 생각을 하게 된다. 그리고 마지막에는 자조와 한숨만 남는다. '언젠가 나도 매너리즘에 빠질까?'라는.

그럼에도 아직 교직 사회에 희망이 있다면 역시 동료 선생님이다. 내가 만난 선생님 중에서는 '어떻게 저렇게까지 수업 연구를 열심히 하실까? 대단하시다. 개인적인 여가는 보내실까?'라는 걱정과 감탄을 하게 만드는 분들도 계셨다. 교직에서 20년, 30년씩 버티며 꾸준히 자신을 발전시키는 선배들을 볼 때면 '내가 걸어야 하는 길이 바로 저것인가?'라는 깨달음을 얻기도 한다.

결국 모든 것은 궁합이다. 나와 궁합이 맞는 사람과 나눠 마시면 믹스커피 한 잔도 달콤하지만, 궁합이 안 맞는 사람을 만나면 비싼 고급 와인도 흙탕물 같다. 이번에 내가 만날 교과 파트너는 또 어떤 사람일까? 성별도, 나이도, 취미도, 입맛도 다 달라도 좋으니 제발 수업 궁합만큼은 맞게 해달라고 간절히 기도해본다.

우리 애는 제가 전문가입니다

우리 반 금쪽이 둥글이

언젠가 인터넷에서 "수업은 학교 교사보다 학원 강사가 더 잘하고, 상담은 전문 상담사가 더 잘하는데 교사가 왜 필요하냐? 이제 학교가 없어질 때가 됐다."라는 댓글을 읽은 적이 있다. 학생 지도에 몇 번 실패한 뒤 교사로서 자존감이 바닥을 칠 때라 나도 모르게 "그런가?"하고 그 의견에 일부분 동의했었던 것 같다. 도대체 교사는 뭘 하는 사람인지, 교사의 전문성은 무엇인지, 아니 애초에 교사에게 전문성이라는 게 있기는 한 건지 확신이 들지 않았다.

신규교사가 되어 첫 담임을 맡았을 때의 일이다. 개학식을 무사히 치르고 교무실로 돌아와 우리 반 아이들의 사진 명렬표를 뽑았다. 얼굴과 이름을 빨리 외워야 한다는 생각에 온종일 명렬표를 들고 달달 외웠던 기억이 난다. 한 반에 서른 명 남짓인데도 어찌나 이름이 안 외워지던지 결국 특징적인 생김새나 분위기로 기억해야 했다.

둥글이(가명)는 눈코입이 다 둥글둥글한, 참 순하게 생긴 학생이었다. 멀끔한 생김새에 말도 조리 있게 잘해서 아무 문제 없이 학교생활을 잘 해낼 것이라 예상했다. 그러나 생김새만으로 학생을 판단하는 것이 얼마나 어리석었는지 금방 깨달을 수 있는 일이 일어났다. 개학 이튿날부터 둥글이는 조퇴를 시작했다. 어떤 날은 오후에 조퇴했고, 어떤 날은 학교에 오자마자 조퇴했다. 머리가 아프다고, 배가 콕콕 쑤신다고 말하는 아이에게 "안 돼, 학교는 조금 아프다고 조퇴하는 곳이 아니야."라고 단호하게 끊어내지 못했다. 둥글이 어머니 역시 "아이가 학교에 적응을 못 하는 것 같아요. 몸이 아프다고 하면 조퇴시켜 주세요."라고 말씀하셨기에 나는 계속 조퇴를 시켜주었다. 학기 초반 친구와의 관계 형성이 중요한 시기에 계속 학교를 빠지는 것이 걱정스러웠지만 학생과 학부모의 뜻이 그러하니 막을 수 없었다.

둥글이의 생활 태도는 점점 나빠졌다. 수업 시간에 화장실을 간다며 나가서 돌아오지 않거나, 점심시간에 가방을 들고 사라지는 경우가 빈번했다. 친구들 앞에서 심한 욕설을 해서 여학생은 물론이고 덩치 큰 남학생마저도 둥글이를 피했다. 내 부탁으로 둥글이를 챙겨주려던 학급 임원들마저도 둥글이가 무섭다며 거리를 둘 정도였다. 친구들이 자신과 어울려주지 않자 둥글이는 더더욱 교실 밖으로 나돌았다.

둥글이를 찾아다니는 것이 나의 일과가 되었다. 수업에 들어가기 싫다는 둥글이를 교무실에 앉혀놓고 한 시간 내내 상담하기도 했고, 위층 화장실에 숨어있는 둥글이를 데려와 교실에 들여보내기도 했다. 가출했다며 경찰에 신고가 들어간 둥글이를 찾아 온종일 길거리를 뛰어다녔던 날에는 온몸이 땀으로 흠뻑 젖어 탈진할 정도였다. 하루 동안 내 입에서 가장 많이 나오는 소리는 "얘들아, 둥글이 어디 있는지 아니? 둥글이 본 사람?"이 되었다.

하루는 보안관실에서 전화가 걸려 왔다. 보안관님이 말리시는데도 둥글이가 학교 후문 담을 넘어 도망쳤다는 연락이었다. 그 과정에서 둥글이와 몸싸움까지 해야 했던 보안관님은 무척 화가 나 있었고 "제가 이런 학생을 어떻게 막아야 합니까?"라며 목소리를 높이셨다. 제자의 잘못은 곧 담임의 잘못이었기에 나는 연신 고개를 숙이며 사과드렸다. 그런 후 둥글이에게 전화했다.

"둥글아, 어디니?"

"저 지금 학교 밖인데요."

"선생님한테 말도 안 하고 가면 어떡해. 얼른 돌아와."

"싫어요. 선생님 저 이미 실패한 놈이에요. 저 찾지 말고 그냥 두세요."

"둥글아, 그렇게 말해도 선생님은 둥글이를 계속 학교에서 기다릴 거야. 선생님은 둥글이 담임 선생님이니까. 선생님이 저녁까지 학교에 있을 거니까 마음 풀리면 꼭 돌아오렴."

"……."

그날 둥글이는 할머니 손에 이끌려 오후 5시가 돼서야 학교에 돌아왔다. 잔뜩 심통 난 표정으로 교무실에 들어온 둥글이를 어르고 달래 겨우 “내일은 학교에 나올게요.”라는 대답을 들을 수 있었다.

박사님은 제 아이를 모릅니다

둥글이는 학교의 유명인사가 되었다. 선생님들이 나를 볼 때마다 고생한다며 격려를 보내주셨다. 책상 위에 초콜릿과 사탕을 몰래 두고 가시는 선생님들도 생겼다. 그러나 그 관심이 항상 달가웠던 것은 아니다. “선생님, 그렇게 좋게 좋게만 말하면 안 돼. 저런 학생은 엄하게 대해야 해. 선생님이 다 받아주니까 둥글이가 세상 무서운 줄 모르고 저러잖아.”라며 나의 지도 방식이 잘못되었음을 지적하는 선생님도 있었다. 고작 1년 차 교사였던 나는 둥글이가 엇나가는 것이 정말 내 부족함 때문일지도 모른다는 불안감이 차올랐다.

때마침 둥글이가 심리상담을 받기 시작했다. 아동 상담 분야의 유명한 권위자로 이름을 알린 박사님에게 상담을 받는다고 했다. 박사님이 TV에 출연해서 아이들을 마법처럼 바꿔놓는 모습을 본 적이 있었기에 마음이 놓였다. 나보다 더 뛰어난 전문가시니 둥글이를 가르치는 올바른 방법을 제시해 주리라는 믿음이 생겼다. 아니나 다를까. 첫 상담을 마치고 온 둥글이 어머니는 "선생님, 박사님께서 둥글이는 반사회성이 높다고 하셨어요. 사회적으로 허용되는 행동과 그렇지 않은 행동을 엄격하게 구분해서 가르쳐주어야 한다고 하네요."라는 말을 전해주셨다. 역시나 그동안 나의 지도 방법이 틀렸던 것이다.

그 뒤로 나는 둥글이를 단호하게 대하기 시작했다. 전에는 등교만 해도 "둥글이, 오늘은 오전에 등교했네요? 아침부터 얼굴 보니까 너무 좋다. 종례까지도 있을 거죠?"라고 칭찬하며 손뼉을 쳐 주었지만, 둥글이가 박사님의 상담을 받은 이후부터는 "교실에 늦게 들어오면 수업을 듣고 있던 다른 친구들에게 방해가 되겠죠? 시간 잘 지켜서 들어옵시다." 라고 혼을 냈다. 내가 단호하게 대할수록 둥글이의 표정이 점점 어두워지고 나에게서 계속 멀어지는 느낌이 들었다. '이게 아닌데….'라는 생각이 계속 맴돌았지만 유명한 전문가의 지도 방법이 틀릴 리 없다는 생각에 제때 멈추지 못했다.

참 어리석었다. 하루 중 둥글이를 가장 오래 지켜보는 사람도, 둥글이와 가장 많이 대화하는 사람도 담임교사인 나였다. 일주일에 한 번, 한 시간 남짓 만나는 박사님의 실력이 아무리 뛰어나다고 해도 담임교사인 나보다 둥글이를 더 잘 이해할 수는 없었다. 몇 달을 노력해서 겨우 열어놓았던 둥글이의 마음의 문이 완전히 닫혀버린 후에야 나는 깨달았다. 아동 전문 박사님도 내 학생에 대해서는 나보다 모를 수도 있다는 사실을. 내 학생에 대해서는 누구보다 내가 전문가라는 사실을 말이다.

둥글이의 일탈 행위는 점점 더 심해졌다. 선도위원회가 여러 차례 열렸고 경찰이 학교로 출동하는 일까지 생겼다. 둥글이의 가족과 연락을 주고받느라 내 휴대전화는 쉴 틈이 없었다. 퇴근길 지하철에서도, 저녁을 먹다가도, 영화를 보다가도 나는 전화기가 울리면 그 자리를 뛰쳐나와 전화를 받았다. 둥글이의 어머니, 아버지, 할머니까지 온 가족을 상대하면서 나는 점점 지쳐갔다.

그해 초겨울, 결국 둥글이가 전학을 가게 되었을 때 가장 먼저 들었던 감정은 안도감과 해방감이었다. 드디어 둥글이를 벗어날 수 있겠다는 생각에 그 소식이 반갑기까지 했다. 그러나 둥글이와 마지막 인사를 나누는 자리에서 나는 망연히 서 있을 수밖에 없었다.

"선생님이 저에게 해주셨던 말이 다 맞았어요. 선생님이 학기 초부터 저에게 좋은 말 많이 해주시고 상담도 계속해주셨는데 이렇게 안 좋은 모습 보여드려 죄송합니다. 앞으로는 선생님 말씀 잊지 않고 학교 잘 다닐게요."

허리를 꾸벅 숙이며 둥글이가 전한 말 속에는 진심이 담겨 있었다. 전학 가서는 사고 치지 말고 무사히 졸업하라는 정도의 가벼운 인사말을 준비하고 있던 나에게 전해진 둥글이의 진심은 무겁고 짙었다.

전학을 간 후 둥글이의 소식은 끊어졌다. 둥글이의 새로운 담임 선생님과 전화 통화를 한 번 했고, 동료 선생님을 통해 알음알음 전학 간 학교에서도 어려움을 겪고 있다는 소식을 전해 들었으나 더 자세한 이야기는 들리지 않았다. 그렇게 한 해 두 해 시간이 흘렀다. 신규교사였던 나는 5년 차 교사가 되었고, 둥글이는 고등학교 3학년이 되었다. 둥글이는 지금, 어디에서 어떻게 살고 있을까?

교사의 전문성은 시간에서 나온다

이미 지난 과거를 곱씹으며 "그때 그렇게 하지 말고 이렇게 할걸."이라고 후회해봤자 달라지는 것은 없다. 과거는 과거로 둔 채 우리는 현재를 살아야 한다. 그러나 나는 아직도 둥글이 생각을 종종 한다. 꿈에서 둥글이를 만난 적도 여러 번이다. 내가 나를 조금 더 믿었다면, 내가 보고 들은 둥글이의 말과 행동에 더 집중했다면 둥글이의 학교생활은 달라졌을까? 둥글이가 전학을 가지 않고 우리 학교에서 무사히 졸업할 수 있었을까?

수업은 학교 교사보다 학원 강사가 더 잘하고, 상담은 전문 상담사가 더 잘한다는 말. 지금은 그 말이 틀렸음을 안다. 학원 강사가 나보다 수업 기술은 더 우수할지 몰라도 내 아이는 내가 더 잘 가르친다. 유명한 아동 전문 박사님보다 학위는 부족할지 몰라도 내 아이의 마음은 내가 더 잘 이해할 수 있다. 아이가 매일 아침 어떤 표정으로 교실 문을 열고 들어오는지, 친구와 대화를 나눌 때 어떤 목소리로 웃는지, 맛있는 점심 메뉴가 나오는 날이면 얼마나 설레며 복도를 뛰어가는지 알고 있는 것은 그 누구도 아닌 나다. 내 아이에 대해서는 내가 가장 전문가다.

교사의 전문성은 시간에서 나온다. 아이들은 로봇이 아니다. 입력값이 같다고 해서 모든 아이가 똑같은 출력값을 만들지 않는다. 똑같은 상황에서 한 아이에게는 따뜻한 위로가 효과적이지만 다른 아이에게는 단호한 훈계가 효과적일 수 있다. 그래서 교사는 교실 속 미묘한 분위기와 아이들의 반응을 예민하게 포착하면서 그 상황에서 가장 최선이라고 생각하는 가르침을 줄 수밖에 없다. 이때 '최선'을 결정짓는 것은 바로 오랜 시간 아이를 지켜보고 경험한 교사의 판단력이다.

그래서 교사는 아이들의 곁에 있어야 한다. 아침부터 오후까지 같은 교실에서 부대끼는 초등학교 교사와 달리, 중고등학교 교사는 조종례 시간 또는 수업 시간에만 아이들을 볼 수 있다. 그러나 겨우 10분 남짓한 조종례 시간과 진도 나가기 바쁜 수업 시간에 아이들을 한 명 한 명 자세히 들여다보기란 매우 어려운 일이다. 그래서 나는 점심시간과 쉬는 시간을 적극 활용한다. 다른 반 수업을 마치고 교무실로 돌아가기 전에 담임 반 교실을 쓱 한 번 둘러본다. 삼삼오오 모여 잘 놀고 있는지, 혹시 혼자 외따로 있는 아이는 없는지. 점심시간에는 학급에 가서 아예 자리를 잡고 논다. 인기 있는 보드게임 몇 개를 갖춰두고 할리갈리나 오목을 하며 놀기도 하고, 노트북으로 최신 유행인 K-POP 노래를 틀어주며 노래 대회를 열기도 한다. 처음에는 내 눈치를 보며 교실 밖으로 슬금슬금 도망가던 아이들이 점차 내가 교실에 있는 것에 익숙해지고 나중에는 복도를 지나가던 내 손을 잡고 교실로 이끌기도 한다. 이따금 날씨 좋은 날이면 운동장을 한 바퀴 돌아본다. 교실 밖에서 우리 아이들이 어떻게 시간을 보내는지, 다른 반과의 관계는 어떤지 살펴본다.

물론 교사의 하루가 워낙 바쁘기에 항상 아이들 곁을 지키고만 있을 수는 없다. 일 년 내내 그렇게 하라는 것도 아니다. 다만 두세 달만이라도 학급에 부지런히 드나들다 보면 어느 순간 아이들을 '이해하게' 된다. 어떤 방법으로 가르치고, 달래고, 혼내야 가장 효과적인지 자연스럽게 터득한다. 그렇게 지혜를 얻고 나면 이후에는 자신의 판단을 믿고 우직하게 나아갈 수 있다.

작년 우리 반에는 나에게 휴대전화를 다섯 번이나 압수당한 아이가 있었다. 교칙 상 일주일 압수가 원칙이지만 여자친구와 헤어질 위기라는 울먹임에, 명절에 할머니에게 안부 전화를 드려야 한다는 효심에 못 이겨 일찍 돌려주었다. 이렇게 봐주기만 하면 결국 규칙을 우습게 아는 학생이 되지는 않을까 걱정스러웠지만, 마음속 어딘가에서 '아니야. 이게 맞아. 너의 판단을 믿어.'라는 속삭임이 들려왔다. 일 년이 지나 방학식 날 받아본 편지에서 내 판단이 맞았음을 알 수 있었다.

선생님이 저를 많이 이해해주시고 봐주셨다는 것을 잘 알고 있어요.
저를 너무 빡빡하게 혼내지 않으시고 친절하게 가르쳐 주셔서 감사합니다.
덕분에 숨 쉴 틈이 있었어요.
감사합니다.

세상 모든 영재가 사라질 때까지

대한민국의 영재들

4년 전 대한민국에 We All Lie 열풍을 불러일으켰던 드라마가 있다. 바로 〈스카이캐슬〉이다. 자녀를 서울대 의대에 보내려는 부모의 욕망과 그 욕망 안에서 고통받거나 삐뚤어지는 아이들의 모습을 적나라하게 드러내 시청자에게 충격과 놀라움을 주었다. 그 드라마가 한창 방영중일 때 뉴스에서는 "실제보다 과장되었다.", "실제와 똑같다.", "오히려 실제보다 약하다." 등 다양한 반응이 나왔었다. 내가 대치동에서 자란 사실을 알고 있는 주변 사람들은 나에게 "대치동은 정말 다 저래?"라고 물어보기도 했다.

물론 드라마 〈스카이캐슬〉에 나오는 인물들은 서울대 의대를 준비하는 학생이라는 점에서, 그리고 장르의 특성상 과장된 면이 있다는 점에서 일반적인 대치동 학생들의 모습을 보여준다고 하기는 어렵다. 다만 극 중에서 인물들이 받는 스트레스, 압박감, 절망감 등은 대치동 학생들이 (아니면 적어도 내가) 느꼈던 것과 유사하다고 생각한다.

〈스카이캐슬〉 2화에는 아들 영재를 서울대 의대에 합격시켜 모든 주민의 존경과 부러움을 받았던 영재 엄마가 스스로 목숨을 끊는 장면이 나온다. 아들 영재가 부모에게 복수하고자 서울대 의대 합격증만 놓고 홀연히 사라졌기 때문이다. 과거 회상 장면에서 "서울대, 서울대, 내가 어떻게 되든지 말든지 힘들어 죽든지 말든지 서울대만 가면 장땡이지?"라고 절규하는 모습을 보면 영재가 서울대에 입학하기 위해 얼마나 심한 압박을 받았는지 알 수 있다.

드라마에는 영재처럼 성적에 대한 압박에 시달리다가 잘못된 선택을 한 인물이 또 한 명 등장한다. 피라미드 꼭대기를 외치며 자녀를 혹독하게 공부시키는 차 교수의 첫째 딸 차세리다. 하버드생으로서 집안의 자랑거리였던 차세리는 사실 하버드 입학에 실패하고 미국에서 거짓 유학 생활을 하고 있었다. 이 사실이 밝혀지자 차세리는 차 교수에게 이렇게 외친다.

"엄마 아빤 날 사랑한 게 아니라 하버드생 차세리를 사랑한 거겠지. 아빠 뜻대로 아빠가 원하는 대로 살아주려고 내가 얼마나 용썼는 줄 알아? 그냥 차세리 가지고는 아빠가 만족을 못 했잖아. 공부 잘하는 자식만 자식이라고 생각되게 만들었잖아."

영재와 세리의 모습을 보며 눈물을 흘렸다는 후기가 참 많았다. 나 역시 울면서 이 장면을 시청했다. 나의 힘들었던 학창 시절이 떠오르기도 했고, 수많은 영재와 세리가 있었음에도 바뀌지 않는 우리나라의 교육 시스템이 원망스럽기도 했다.

비타민 메이트 수영이

내가 가르쳤던 모든 제자가 나의 마음 한구석을 시큰하게 만들지만, 그중에서도 가장 아픈 손가락을 꼽자면 수영(가명)이다. 수영이는 당차고 자신감이 넘치는 학생으로 선생님들을 잘 따라서 심부름을 시켜도 좋아하고, 먼저 찾아와서 도와줄 것이 없는지 묻는 모범생이었다.

어느 날 수영이가 교무실에 꽂혀있는 출석부와 학급 열쇠를 가지러 아침 일찍 교무실에 들어왔다. 별생각 없이 바라보고 있는데 수영이가 나에게 다가왔다. 그러고는 두 손을 포개어 수줍게 내밀며 이렇게 말했다.

"선생님, 저도 비타민 한 알 주시면 안 돼요?"

아침마다 비타민을 챙겨 먹던 내 모습을 눈여겨보았나 보다. 평소 예쁘게 보던 학생인 데다가 아이스크림이나 초코파이를 조르는 것도 아니고, 내가 먹고 있는 비타민을 달라고 하는 게 귀여워 "그래."하고 손 위에 비타민 한 알을 올려 주었다. 수영이는 "감사합니다."라고 말하며 허리를 꾸벅 숙이고는 비타민을 입에 쏙 집어넣고 배시시 웃었다. “맛있어요, 선생님.” 하고 웃는 표정이 얼마나 예뻤던지 나는 무심코 “다음에 또 먹고 싶으면 와.”라고 말했다.

수영이는 그 이후부터 매일 아침 나를 찾아왔다. 학생이 비타민을 달라고 온다는 것이 신기하기도 했고, 매번 “감사합니다, 선생님” 하며 허리를 꾸벅 숙이는 수영이가 귀엽기도 했다. 그렇게 우리는 비타민 한 통을 나눠 먹는 비타민 메이트가 되었다.

아침 일과를 시작하기 전 비타민을 나눠 먹는 그 짧은 시간에 우리는 많은 대화를 나누었다. 주로 수영이의 고민 상담이었다. 항상 밝은 모습만 보여주었던 수영이는 눈물도 참 많은 아이였다.

“선생님, 저희 부모님은 무조건 의사가 되라고 말씀하세요. 온 가족이 다 공부를 잘하는데 저만 못해요. 의대 못 가면 공부해도 다 필요 없다고 말씀하시고…. 중간고사 때 시험 점수가 안 좋아서 엄청나게 혼났어요.”

열심히 공부해도 부모님의 기대를 충족시키기 어렵다며 우는 수영이가 무척 안쓰러웠다. “괜찮아, 너 지금도 잘하고 있어.”라고 다독였지만 수영이의 표정은 나날이 어두워졌다.

시간은 빠르게 흘렀다. 학교 일이 바빠지면서 나는 예전처럼 수영이와 시간을 보낼 수가 없었다. 대화하고 싶다며 찾아온 수영이를 달래서 교실로 돌려보내는 날이 늘어났다. 수영이는 멀찍이서 고개를 빼꼼 내

밀다가도 내가 정신없이 일하고 있는 모습을 보면 조용히 돌아갔다.

그러던 어느 날이었다. 퇴근하는데 휴대전화가 울렸다. 수영이었다.

"선생님, 저 집에 너무 들어가기 싫어요. 죽고 싶어요. 한강 물은 따뜻할까요?"

"수영아, 그게 무슨 말이야. 많이 힘들어? 그래도 그런 생각을 하면 안 돼."

"알아요. 진짜 죽으려던 것은 아니에요. 그런데 진짜 집에 들어가기 싫어요."

"수영아, 내일 학교 와. 선생님이 맛있는 거 사줄게. 맛있는 거 먹으면서 이야기하자."

"네."

몇 번이고 약속하며 학교에 오겠다는 다짐을 받아내고 나서야 나는 마음을 내려놓았다. 전화를 끊고 나서도 심장이 벌렁거려서 정신없이 집에 돌아왔던 것 같다. 가슴이 놀랐던 탓인지 집에 오자마자 피로에 떠밀려 잠에 빠졌다. 그렇게 오후 8시까지 꿈속에 있었다.

잠에서 일어난 나를 기다리고 있던 것은 '부재중 전화 3통'. 수영이가 남긴 기록이었다. 무슨 일이 생겼나 싶어 다급히 수영이에게 전화를 걸었다. 그러나 연락을 받을 수 없다는 안내음만 반복해서 나올 뿐이었다. 불안감이 솟구쳤다. 수영이 부모님에게 알리고 경찰에 가출 신고를 했다. 저녁 내내 휴대전화를 손에 들고 기다렸다. 한참이 지나 수영이가 전화를 받았다. 집에 들어가라고 설득했지만 수영이는 한사코 거부했다. 저녁도 먹지 못하고 지하철역 인근을 돌아다니고 있다는 말을 듣자 일단 안전한 모습을 확인해야겠다는 생각이 들었다.

"수영아, 일단 선생님 사는 동네로 와. 선생님 동네 알지? 거기로 와. 알겠지?"

그렇게 수영이가 우리 동네로 왔다. 지하철역 계단 위로 조금씩 수영이의 얼굴이 올라올 때마다 마음속에서 왈칵왈칵 무언가가 넘쳤다. 마침내 수영이가 "선생님" 하고 내 앞에 섰을 때 나는 그저 수영이를 품에 넣어 꽉 안아줄 수밖에 없었다.

"잘 왔어, 수영아. 정말 잘 왔어."

네가 나의 등에 기대 세상에서 버틴다면

그날 수영이는 무사히 집으로 돌아갔다. 수영이는 요즘에도 종종 학교를 찾아온다. 스승의 날에 오는 것은 기본이고, 시험이 끝나고 나면 국어 시험지를 들고 찾아와 1등급을 맞았다며 자랑하기도 한다. 그때마다 나는 대단하다며 폭풍 칭찬을 해준다. 사실 등급은 중요하지 않다. 그저 수영이가 건강한 모습으로 다시 나를 찾아와 주었다는 사실이 감격스러울 뿐이다.

대치동에 살면서 나는 입시가 얼마나 아이들을 미치게 하는지 보았다. 우리 아파트 위층에는 아들과 딸을 둔 부부가 살았는데 하루가 멀다 하고 고성이 오갔다. 밤마다 아들의 고함과 물건 던지는 소리, 그리고 아주머니의 울음소리가 들렸다. 몇 년 뒤에는 딸과 어머니가 다투는 소리가 들렸다. 어찌나 소음이 컸는지 내 방 안에서도 대화가 다 들렸다. 너무 예전이라 다 기억나지는 않지만 이제 그만하라고 외치던 아들의 목소리는 아직도 귓가에 생생하다.

나 역시 밤마다 울면서 잠이 들었던 때가 있었다. 눈물에 젖은 베개가 척척해져서 뺨과 눈가에 달라붙는 느낌은 겪어본 사람만 알 수 있을 것이다. 끝이 보이지 않는 캄캄한 터널 속에 있는 것 같은 막막함, 한 발자국이라도 잘못 내디디면 모든 것이 실패할 것 같은 두려움, 내 의지가 아니라 다른 사람의 의지대로 움직이는 것 같은 무력감은 입시가 끝날 때까지 나를 괴롭혔다.

"얘들아, 공부에 목숨 걸지 말자. 어른 되어보니 공부 잘했다고 성공하는 거 아니더라. 세상에는 공부보다 중요한 것들이 많다."

학생들에게 이렇게 당차게 말해주고 싶지만 사실 겁이 난다. 나는 공부를 잘했다. 좋은 대학에 입학했고 순탄하게 임용시험에 합격했다. 내가 걸어온 길 역시 굴곡이 많았지만 내가 걸어가 보지 않은 길이 더 좋다고 감히 권할 수가 없다. 나로 인해 학생들이 공부 때문에 발목이 잡혀 원하는 꿈을 이루지 못할까 봐 두렵기도 하다.

학업 스트레스로 해마다 생기를 잃어가는 학생들을 볼 때면 "교사로서 내가 뭘 할 수 있지…."라는 자괴감이 들 때가 많다. 그토록 공부하라는 잔소리를 싫어했던 내가 교단에 서서 공부 좀 하라는 말을 하는 현실이 참 싫다. 대학만 가면 마음껏 놀고, 하고 싶은 일을 다 할 수 있다는 위로가 뻔한 거짓말임을 알면서도, 그 말에 위안받는 학생들에게 현실은 그렇지 않다고, 대학에 합격하는 순간 또 다른 경쟁이 시작될 뿐이라고 솔직하게 밝힐 자신도 없다.

고작해야 내가 할 수 있는 것은 나를 찾아오는 학생에게 비타민 한 알을 손에 쥐어 주는 것, 작은 비타민 한 알에 기뻐하는 학생을 보며 다음에도 비타민을 먹으러 오라고 권유해 주는 것, 그것뿐이다.

그러나 돌이켜보면 이 비타민 한 알이 참 큰일을 해냈다. 길거리를 헤매던 학생을 내 앞으로 데려와 주었고, 고등학교 교복을 예쁘게 입고 스승의 날 나를 찾아오도록 만들었고, 미래를 꿈꿀 수 있게 해주었다.

너무 힘들 땐 너무 지칠 땐 내가 너의 뒤에서 나의 등을 내줄게
언제라도 너의 짐을 내려놓아도 된다고
혼자라고 생각 말기 힘들다고 울지 말기
너와 나 우리는 알잖아
네가 나의 등에 기대 세상에서 버틴다면 넌 내게 멋진 꿈을 준 거야
– 김보경 〈혼자라고 생각 말기〉 중에서

내가 공부 때문에 힘들었을 때 mp3에 넣어 매일같이 듣던 곡이 문득 떠오른다. 하루하루가 너무 지치고 외로울 때 혼자가 아니라는 가사가 너무나도 위로가 되었다. 나에게 이 노래가 등을 기댈 수 있는 의지처였던 것처럼, 수영이에게도 내가 의지할 만한 선생님이었을까?

우리나라의 교육 제도를 바꿀 용기도, 능력도 없는 일개 교사일 뿐이지만, 그런 나라도 의지하며 세상에서 버티고 싶어 하는 학생이 있다면 최선을 다해 등을 내어주겠노라고 오늘도 다짐해 본다.

저 그런 사람 아닙니다

여자에게 좋은 직업

학교 교사라고 밝히면 꼭 돌아오는 질문이 있다.

"요즘 학생 수가 줄어서 반에 스무 명도 안 된다며? 진짜 그래?"

출산율이 낮아지고 학생이 줄어드니 예전보다 학생을 가르치기가 수월하지 않느냐는 말이다.

내가 근무하는 학교는 아직도 한 반에 30명이 넘고, 한 학년은 13학급으로 구성된 초과밀 학교이다. 심지어 교실이 부족해 각종 특별실을 없애버렸는데도 공간이 없어서 작년에 건물 하나를 새롭게 지었다. 내년에는 한 학년에 14학급이 들어설 것이라는 무시무시한 소문까지 돌고 있다.

그러나 이것은 어디까지나 인기 좋은 학군지에서 일어나는 상황. 지

방과 서울 외곽에서는 학생들이 많이 빠져서 한 학급에 20명, 16명 하는 학교들도 있다고 한다. 학생 수가 적다 보니 교사 수도 적어져서 교사 한 명이 여러 부서의 업무를 도맡아 한다는 이야기도 들었다. 내가 학생일 때만 하더라도 한 해에 60만 명 정도는 태어났는데 요즘에는 20만 명을 조금 넘는 수준이라니 확실히 출산율이 심각하게 떨어지긴 했다.

학생 수가 줄어드는 것이 너무나도 뚜렷한 추세이다 보니 몇 년 전부터 우리나라의 교사 TO는 계속 줄어들고 있다. 기존에 합격했던 교사들도 발령이 미뤄지고 있는 상황에서 새롭게 교사를 뽑을 만한 여유가 없다는 것이다. 사실 이는 학령인구의 변화를 제대로 예측하지 못하고 무계획적으로 교대생과 사범대생을 뽑은 윗분들의 잘못이 크다고 생각하지만, 대학 입학 정원은 대학교수의 일자리와도 밀접한 관련이 있다고 하니 아마도 여러 가지 이해관계가 얽혀 이런 사태가 벌어지게 된 것일 테다.

학교에서 종종 이런 농담을 듣는다.

"요즘처럼 학생 수가 줄어들면 나중에는 교사 수도 줄어들게 되어 있어. 선생님들이 아이를 많이 낳아야 해. 그래야 학생 수가 늘지."

이런 말을 들을 때마다 나는 마지못해 웃지만, 속으로는 뜨악하다. 나는 아이를 낳을 계획이 없다. 사랑하는 사람을 만나 결혼하더라도 딩크 부부로 살고 싶다. 아이들을 정말 좋아하고 아이들을 가르치는 일이 너무 보람되지만, 이 험난하고 위험한 세상에 내 아이를 내놓을 자신이 없다. 더욱이 내가 아이를 낳는 목적이 배우자를 사랑하고 아이를 사랑해서가 아닌, 내 일자리를 지키고 노후를 대비하기 위함이라면 더더욱.

내가 아이를 낳지 않겠다고 말하면 주변의 반응은 둘로 나뉜다. "네가 알아서 할 일이지."라고 반응하는 사람들과 "교사는 애 낳기 좋은 직업 아니야? 경력 단절도 없고 방학도 있잖아."라고 반응하는 사람들. 개인적으로 나는 후자의 반응이 참 싫다. 나는 수업이 하고 싶어서 교사가 되었다. 아이를 잘 가르쳐 온전한 사회인으로 만드는 일이 보람 있고 뜻깊다 생각해서 교사가 되었다. 자녀를 낳기 좋고, 육아하기 좋다는 이유로 이 직업을 선택한 것이 아니다. 그런데 사람들은 내가 교사를 선택한 이유가 당연히 출산과 육아라고 생각한다.

내가 교사가 되자 부모님을 통해서 소개팅 제의가 여럿 들어왔다. 그런데 특이하게도 "교사 며느리를 보고 싶다."라고 말씀하시는 지인분이 계셨다고 한다. '교사 며느리'는 뭘까? 일반 며느리와 무엇이 다른 것일까? 착하게 시부모님 말씀을 잘 듣고, 가정에서 내조를 잘하고, 아이를 낳아 잘 키우는 며느리를 말하는 것일까? 그렇다면 나는 그분의 기대를 충족시켜 드릴 수 없다. 관리자로서 승진하고 싶은 욕구는 없지만, 교사로서 내 경력을 키워나갈 생각은 많다. 퇴근 후에는 수업 연구에 몰입하고 싶고, 방학에는 연수를 다니고 싶다. 내 교육 전문성과 노하우를 녹여서 책도 출판하고 싶고, 강의도 나가고 싶다. 사랑하는 배우자와 소중한 가정을 위해 최선을 다하겠지만 직업이 교사라는 이유만으로 가정에서 나의 위치를 '안사람'으로 고정하고 싶지는 않다.

선생님이 왜 그래

나는 핸드폰을 두 개 사용한다. 하나는 학교용 폰, 다른 하나는 개인용 폰이다. 다르게 말하면 하나는 '교사'인 내가 사용하는 폰이고, 다른 하나는 '사람'인 내가 사용하는 폰이다. 두 핸드폰의 연락처 목록은 절대로 겹치는 일이 없고 사용하는 시간과 장소도 엄격히 구분되어 있다. 학교용 폰은 학교에서, 개인용 폰은 퇴근 후에 사용한다.

학교용 폰에서 활동하는 나는 규칙을 성실히 준수하고, 매사에 철두철미하며, 모든 일을 이성적으로 처리한다. 반면에 개인용 폰에서 활동하는 나는 때로는 일탈을 즐기고, 은근 맹해서 실수도 잦으며, 감정 기복도 심한 편이다. 주변에서는 "핸드폰을 두 개나 사용하면 헷갈리지 않아?"라고 걱정하기도 하지만 정작 나는 불편함이 없다. 직장에서의 나와 일상에서의 나를 완벽하게 구분할 수 있기 때문이다.

그러나 이따금 사람들은 그 둘을 혼동한다. 내 직업은 내가 가진 다양한 특성 중 일부분일 뿐이고 나의 정체성을 대변해줄 수 없는데 그 사실을 모르는 것 같다. 그래서인지 유독 '교사'라는 직업에 높은 도덕성과 윤리의식을 요구하는데 그게 시간과 장소를 가리지 않는다는 점이 나를 참 피곤하게 한다. 나를 오랜 시간 키웠고 가장 가까이에서 지켜보았던 부모님마저도 종종 그런 실수를 하니 나를 아직 잘 모르는 사람들이야 오죽할까.

나는 청소를 썩 잘하는 편이 못 된다. 내 물건이 어디에 있는지 정확히 알고 곧잘 찾아서 쓰지만 다른 사람들이 보기에는 이곳저곳에 물건들을 늘어놓았다고 느낄 수도 있다. 그런 내 책상을 볼 때마다 부모님은 "너는 선생님이 되어서 왜 그렇게 정리 정돈을 못 하니?"라고 말씀하신다. 그런데 내가 교사라는 사실과 정리 정돈을 못 한다는 사실 사이에 어떤 상관관계가 있는지 잘 모르겠다. 정리 정돈을 잘하는 사람도 있고 정리 정돈을 못 하는 사람도 있는 건데. 모든 교사가 정리 정돈을 잘한다는 것은 고정관념이 아닌가? 게다가 나는 학교 사무실과 교실은 깔끔하게 관리한다. 나 혼자 쓰는 공간이 아니라 모두가 쓰는 공간이니 오히려 더 유난스럽게 정리하는 편이다. 내 방에서, 내 책상만큼은 마음 편하게 쓰고 싶은데 그 마음을 부모님이 몰라줄 때마다 답답하다.

"너는 국어 교사가 왜 줄임말을 쓰니? 정확한 어휘를 써야지. 아이들이 뭘 배우겠어."라는 말도 자주 듣는다. 일상에서 나는 신조어나 줄임말, 비속어를 종종 사용한다. 어린 학생들을 만나다 보니 오히려 다른 직업군보다도 빨리 배우게 되는 것 같다. 그러나 학교에서는 절대로 쓰지 않는다. 학생들 앞에서 비속어를 사용한 적은 한 손에 꼽을 정도이고, 항상 표준어만 사용하려고 노력한다. 학생들과 가까워져서 반말을 쓰게 되면 나도 모르게 비속어나 줄임말이 나올까 봐 의도적으로 존댓말을 쓰기까지 한다. 사고를 쳐서 교무실에 불려온 학생을 혼낼 때도 철저하게 존댓말을 고집해서 "그렇게 예의를 갖춰서 학생을 혼내는 선생님은 처음 봤어요."라는 감상을 들은 적도 있다.

부모님의 잔소리는 딸에 대한 애정과 걱정에서 나온 것이기에 웃고 넘길 수 있지만, 사회에서 마주하는 사람들의 말은 가볍게 넘기기 어려울 때도 많다.

2019년 겨울, 나는 위에는 노란색, 아래는 분홍색으로 염색을 하느라 거의 8시간 정도 미용실에 앉아있었다. 미용사와 시시콜콜한 이야기를 나누고 있는데 "분홍색 정말 잘 어울려요. 다음에는 애쉬 베이지나 블루 계열도 도전해보세요."라며 다양한 색을 추천하던 미용사는 내 직업이 교사라는 사실을 알게 되자 "오… 학교 선생님이시구나. 선생님이 투톤 염색하는 것은 처음 봐요."라며 당황해하셨다. 나는 "방학인데 뭐 어때요."라며 넉살 좋게 대답했지만, 미용사의 떨떠름한 표정이 마치 나를 지적하는 것 같아 기분이 이상했다. 그녀는 뒤늦게 화제를 전환하며 분위기를 띄우려고 했지만 화려하게 물든 내 머리를 바라보는 눈빛은 그 전과 달라져 있었다.

작년 봄에는 독서 모임에 새롭게 가입했다. 대학생, 대학원생, 취업

준비생, 직장인 할 것 없이 책을 읽고 토의하고 싶은 사람들이 모여 만들어진 모임이었다. 모임 첫날 우리는 자기소개를 했는데 내 직업이 교사라는 사실을 밝히자 다들 신기해했다. 각자 재미있었던 학창 시절 일화를 이야기하며 훈훈한 시간을 가졌다. 그러나 뒤이어 진행된 몇 번의 모임에서 나는 조금씩 불편함을 느끼기 시작했다. 모임원들은 나에게 "선생님은 어떻게 생각하세요?"라는 질문을 종종 던졌다. 또는 내 말을 듣고 "학교 선생님이시니까…."처럼 반응하기도 했다. 그 누구도 "대학생님은 어떻게 생각하세요? 취업준비생님은 어떻게 생각하세요? 회사원님은 어떻게 생각하세요?"라는 질문은 하지 않았는데 유독 나를 지칭할 때만 '선생님'이라는 단어가 등장한 것은 참 묘한 일이었다. 지극히 사적인 모임에서조차 내가 나로서 이해받지 못한다는 생각이 들었다. 결국 한 달 만에 그 독서 모임을 나와버렸다.

저 퇴근했습니다

학교에서 나는 매사에 자신을 검열하고 되돌아보고 통제하는 편이다. 그게 교사라는 직업이 가진 무게이자 책임감이라고 생각하기 때문이다. 어린 학생들이 내 잘못을 보고 배울까 봐 말 하나 행동 하나 실수하지 않으려고 노력한다. 그러나 일상에서까지 긴장을 유지하며 살고 싶다는 말은 결코 아니다. 학교 밖에서까지 교사의 품위를 유지하고 사명감을 불태우고 싶지는 않다. 퇴근한 이후에는 온전히 나의 시간을 보내고 싶다.

요즘 교사들은 스승이 아니라 노동자라고, 더 이상 참스승 참교사는 없다는 말을 종종 듣는다. 나는 그 말에 100번 동의한다. 교사도 노동자다. 이 세상에 존경할 만한 롤모델이 얼마나 많은데 굳이 교사를 스승으로 삼아야 할까? 김연아 선수, 손흥민 선수, 이국종 교수님, 고(故) 이태석 신부님 등 세상에는 스승으로 삼을 만한 훌륭한 위인들이 많다.

모든 것이 완벽한 사람을 보고 우리는 '유니콘'이라고 한다. 현실에 도무지 없을 것 같은 존재이기 때문이다. 나는 우리나라 사람들이 기대하는 교사의 모습이 종종 유니콘 같다고 생각한다. 각자 머릿속에 이상적인 교사의 상을 띄워놓고 그 안에 내가 들어맞는지 아닌지 평가하고 있는 것 같다.

나는 열심히 일하는 교사는 될 수 있을 것이다. 그러나 참한 며느리, 헌신적인 어머니가 될 수 있을지는 모르겠다. 사시사철 단정한 옷차림을 유지하고 곱고 바른말을 사용하며 우아하고 품위 있는 행동을 유지할 자신도 없다. 누군가 나에게 그런 모습을 보이라고 요구한다면 나는 이렇게 대답하련다. "저 퇴근했습니다."라고.

교사는 학교에서 자란다

대학에서 배운 것

대학교 3학년 때 들었던 전공과목 중에 '국논논'이라는 과목이 있었다. 물론 우리끼리 줄여서 '국논논'이라고 불렀고 원래 과목명이 뭐였는지는 정확하게 기억나지 않는다. 아마 국어교육과 논리 및 논술 정도였지 않았을까. 그 수업은 교육 의제를 가지고 자유롭게 토론하는 방식으로 진행되었다. 수강생들은 모둠을 이뤄 주제를 정했고 찬성과 반대로 나뉘어 의견을 발표했다. 처음에는 몸을 사리는 듯했으나 점점 토론에 불이 붙었고 나중에는 신랄하고 날카롭게 각자의 주장을 펼치기 시작했다. 토론하다가 수강생들끼리 감정이 상하는 일까지 생길 만큼 격렬한 토론의 장이었다.

그 수업에서 가장 뜨겁게 달아올랐던 논제가 바로 "사범대학은 임용고시 합격생 배출을 목표로 해야 한다."였다. 수강생 대부분이 취업을 앞둔 대학교 3학년, 4학년이었기에 임용고시라는 단어에 예민하게 반응했다. 찬성 측은 사범대학이 일반 대학과는 다른 특수 목적을 가진 대학이므로 당연히 임용고시 합격을 염두에 두고 커리큘럼을 운영해야 한다고 주장했다. 반대 측은 대학이 학문의 전당으로서 순수하게 학문을 탐구하는 공간이므로, 직업인 양성이 목적이 될 수 없다고 주장했다. 양쪽 모두 한 치도 의견을 굽히지 않고 팽팽하게 대립했다.

참 흥미로웠던 사실은 찬성 측과 반대 측이 그토록 격렬하게 서로의 주장을 비판했으면서도 딱 하나의 명제에 대해서는 완벽하게 의견이 일치했다는 점이다. 바로 우리 대학의 커리큘럼이 임용고시 합격에 도움을 주지 못한다는 것이었다. 정말 그러했다. 교수님의 강의만 들어서는 임용고시에 합격할 수 없었다. 시험 범위 중에는 대학에서 가르치지 않는 내용도 많았고, 가르쳤다 하더라도 개론 수준에서만 얕게 다뤄지는 경우가 많았다. 작은 단어 하나로 정답과 오답이 갈리는 임용시험을 준비하기에는 턱없이 부족했다. 그래서 우리는 대부분 유명 임용 학원 강사의 수업을 들으며 학원 교재로 공부했다. 시험을 앞둔 대학교 4학년 학생들이 강의실 맨 뒷자리에 앉아 전공 서적이 아닌 학원 문제집을 붙들고 있는 모습은 매우 흔했다. 물론 나도 그중에 한 명이었다.

아무것도 모르는 바보

운이 좋게도 나는 2년 만에 임용고시에 합격했다. 3수생, 4수생이 흔하고 6수생, 7수생도 볼 수 있는 중등 임고판에서 재수생이 합격했으니 나름 선방을 한 셈이다. 주변의 감탄과 칭찬을 계속 받다 보니 학교에 가서도 잘하리라는 자신감이 생겼다. 물론 그 자신감은 일주일도 안 돼서 처참하게 깨졌지만.

3월 첫째 주 금요일, 교사가 되고 딱 일주일 만에 "나 교사 못 하겠어. 아무것도 모르는 멍청한 바보가 된 것 같아."라고 하소연하며 부모님 품에서 한 시간 동안 펑펑 울었다. 임용고시에 합격하기 위해 달달 외웠던 교육학자들의 이론과 최신 수업 모형들은 학교 현장에서 쓸모가 없었다. 2년 동안 이를 악물고 머릿속에 욱여넣었던 개념들은 5월쯤 되자 머릿속에서 완전히 사라졌다. 아이들이 시험만 끝나면 공부했던 내용을 잊어버리고 백지가 되는 것과 같은 현상이었다. 이쯤 되니 평가원에서 나를 왜 합격시켰는지 궁금하기까지 했다.

"정말 내가 임용고시에 합격한 게 맞나? 뭔가 전산 착오가 있었던 게 아닐까? 그러지 않고서야 어떻게 이토록 학교 일을 못 할 수가 있지? 나 진짜 왜 붙은 거야?"

신규 때 내가 가르쳤던 학생들을 생각하면 지금도 고개를 들 수가 없다. 한없이 부족하고 미숙했기에 실수도 잦고 탈도 많았다. 평가 기준을 어떻게 세우는지, 시험 문제를 어떻게 출제하는지, 수업 자료를 어떻게 만들어야 하는지도 잘 몰랐던 터라 여기저기서 주워들은 그럴듯한 말과 자료들로 순간순간을 모면하기 바빴다. 말 그대로 '하루살이 인생'이었다. 월요일에 화요일 수업을 준비했고, 화요일에 수요일 수업을 준비했다. 그나마도 못해서 2교시 수업을 바로 전 1교시 공강 시간에 준비하기도 했다. 1시간 만에 부랴부랴 준비한 내 수업이 아이들에게 얼마나 형편없었을지 지금 생각해도 부끄럽다.

담임으로서도 나는 서툴렀다. 특히 상담 시간이 제일 버거웠다. 연수에서 추천받았던 감정 카드를 들고 호기롭게 상담을 시작했건만 정작 학생들의 내면을 들여다볼 줄을 모르니 상담은 내내 어색하고 삐걱거렸다.

아이들 간의 다툼을 중재하는 일도 나에게는 너무나 어려운 숙제였다. 한 학기 내내 친하게 지내던 여학생들이 갑자기 앙숙이 되어 서로를 공격하기 시작했을 때, 나는 평소 배운 대로 '아이들의 마음에 공감하되 중립적인 입장에서 어느 한쪽의 편도 들지 않는' 포지션을 취했다. 그러나 그것도 능력이 뛰어나야 통하는 전략이었다. 나의 어중간한 중재는 모두의 분노를 일으켰고 결국 다툼을 해결하기는커녕 적대감만 더 키워 학생들이 절교를 선언하는 사태를 불러왔다.

하루 4시간, 길면 하루 5시간 정도 잠을 잤던 것 같다. 밤 10시가 넘으면 세콤이 울리니 이제 제발 나가라는 당직 기사님의 말을 매일같이

들어가면서 조금이라도 더 빨리 학교 일을 익히려고 애썼다. 물어물어 겨우 작성한 기안문이 수없이 반려되고, 업무를 처리하느라 밤까지 교무실에 혼자 남아 컵라면이나 샌드위치 따위로 저녁을 때우다 보면 때때로 화가 솟구치기도 했다.

"아니 어떻게 아무런 준비 없이 나를 학교에 덜컥 보낼 수 있어? 적어도 학교 일을 가르쳐주고 보내야 하는 거 아니야?"

정말로 나는, 총 한 자루 없이 전쟁터에 떨어진 일개 졸병이 된 심정이었다.

어찌어찌 일 년을 보내고 맞이한 첫 겨울방학. 나는 진지하게 사직을 고민했다.

'나는 교사로서 능력이 부족한 것 같아. 아이들에게 피해만 끼칠 바에야 그냥 내가 학교를 나가는 것이 맞지 않을까?'

대학원을 2년 더 다니면 뛰어난 교사가 될까?

2020년, 코로나19가 터졌다. 정신없이 쏟아져 내리는 업무를 처리하느라 잠시 사직을 잊어버렸던 나는 얼떨결에 2년 차 교사가 되었다. 원격수업을 하라는 지침 하나만 딱 내려온 상황에서 학교 선생님들은 자기만의 기술과 열정으로 빠르게 수업을 변화시켰다. 교육청에서 각종 연수와 유용한 수업도구를 안내하기 시작했을 때쯤 이미 학교 선생님들은 원격수업 전문가가 되어 있었다. 태어나서 한 번도 태블릿을 사용해본 적 없다던 분들조차도 몇 달 만에 두 개의 스마트 기기를 동시에 다루며 능숙하게 실시간 수업을 진행할 정도였으니 얼마나 변화가 빨랐는지 짐작할 수 있을 것이다. 그 속에서 나 역시 빠르게 자랐다. 얼마 전까지만 해도 교사를 그만두겠다던 나는 이제 수업도, 학급 운영도 그럭저럭 잘하는 교사가 되어 있었다.

3년 차 교사가 되었다. 반 아이들이 어떻게 알았는지 내 생일 날 파티를 해주었다. 생일 선물은 아이들이 직접 만든 상장이었다. 이름은 '최고의 선생님 상'. 자그마치 대상이었다.

> 위 선생님께서는 재밌고 흥미로운 수업과
> 다정하고 친절한 성품으로
> 우리 반을 잘 이끌어 주셨기에
> 이 상을 수여합니다.

금테가 둘린 흰 상장을 받아 드는 순간 내가 받았던 감동은 평생 잊을 수 없을 것이다. 그 상장은 나에게 이제 제법 괜찮은 교사가 되었다는, 이 정도면 앞으로 학교에 있을 자격이 충분하다는 위로와 인정으로 다가왔다.

올해 나는 5년 차 교사가 되었다. 신규교사 시절을 생각하면 비교할 수 없을 만큼 발전했다. 수많은 시행착오를 거치며 울고 좌절했던 시간이 당시에는 무척 힘들었지만 지나고 보니 성장의 밑거름이 되었다. 교사가 왜 호봉제인지, 교직 경력이라는 것이 어떤 의미가 있는지도 알게 되었다. 학교에서 보낸 1년이 얼마나 교사를 성장시키는지, 왜 우리가 오랫동안 교직을 지킨 선배 교사를 존경하게 되는지도 깨달았다.

최근 전문성 있는 미래 교원 양성을 위해 교육전문대학원을 설립해야 한다는 주장이 나오고 있다. 그러나 대학원에서 2년을 더 공부하면 정말로 교사의 전문성이 올라갈까? 사범대학에서 보낸 4년보다 중학교에서 보낸 1년이 나에게는 더 값진 시간이었다. 내가 만약 4년이 아니라 6년을 대학에서 공부하고 학교 현장에 투입이 되었던들, 나의 어리바리했던 신규 시절이 크게 달라지지는 않았을 것이다.

논의되고 있는 교사 양성 시스템의 개혁이 기존의 커리큘럼과 교사 선발 제도의 변화 없이 단순히 기간을 2년 늘리는 것뿐이라면, 나는 차라리 예비 교사를 학교 현장에 투입하기 전에 교육을 더 철저히 해달라고 요구하고 싶다. 한 달에 불과한 교생 실습 기간을 늘리고, 실제적인 학교 업무를 자세히 알려주고, 도움이 필요한 저경력 교사에게 뛰어난 멘토 교사들을 연결해달라고.

그리고 미래 교원은 대학원이 아닌 '학교'에 있다는 사실도 말해주고 싶다. 충분한 지원과 환경만 갖춰진다면 학교 선생님들은 언제나 성장할 준비가 되어 있다. 사람은 직접 경험하기 전까지는 절대 알 수 없는 것들이 있다. 교육도 그러하다.

교사의 입을 틀어막는 세상에 교육은 없다

선생님은 무슨 색을 좋아해요?

학교에서 일하다 보면 유난히 마음이 맞고 예쁜 제자들을 만나는 때가 있다. 워낙 나를 따르고 좋아하니 점점 격식을 갖추지 않게 되고 친구처럼 가까워지기도 한다. 그러다 보면 자연스럽게 시시콜콜한 사생활이나 생각을 공유할 때가 있는데, 그 속에 함정이 숨어있는 경우가 있다.

어느 날 학생들이 나에게 이렇게 물었다.

"선생님은 무슨 색을 좋아하세요?"

"응? 선생님은 하늘색."

"오, 그러면 파란색에 가깝네요! 그럼 빨간색은 싫어하세요?"

여기까지 왔을 때 나는 슬슬 학생들의 의도를 파악했다. 학생들은 나의 정치적 성향을 묻고 싶었던 모양이다. 그러나 교사로서 정치적 견해를 밝히는 것은 자칫 '정치적 중립 의무'를 위반한 것이 될 수 있기에 나는 얼른 말을 바꾸었다.

"어, 그럼 보라색? 선생님은 보라색도 좋아해!"

빨간색과 파란색을 섞으면 보라색이 되니 중립적이라는 느낌을 주지 않을까 해서 던진 말이었다. 그런데 이것도 실수였다.

"와, 선생님, 보라색 정당 좋아하시는구나!"

이런, 보라색을 대표색으로 사용하는 당도 있었나 보다. 난처해하는 나를 보며 학생들이 키득거리기 시작했다. 나는 "그럼 흰색으로 하자. 흰색!"이라며 급하게 대화를 마무리 지었다.

학생들이 나쁜 의도를 가지고 그런 질문을 던진 것은 아니었을 것이다. 그저 내가 당황해하는 모습이 재미있었으리라. 그러나 나는 한동안 혹시라도 나의 대답이 가정으로, 학교 밖으로 흘러나가 "○○○ 선생님은 좌파래." 또는 "○○○ 선생님은 우익이래."와 같은 소문이 떠돌까 봐 마음을 졸였다. 학교에서 했던 교사의 말이 맥락 없이 이리 잘리고 저리 잘려 문제가 되는 일을 많이 접했기 때문에. 특히 그 말이 정치와 조금이라도 연관되어 있을 때 교사에 대한 비난이 얼마나 거세지는지 보았기 때문이다.

교사는 정치적 중립을 지킬 의무가 있다는 말을 처음 들었을 때는 별 생각이 없었다. 특정 이데올로기를 주입하지만 않으면 된다고 너무 쉽게 생각했다. 그러나 막상 교사가 되자 말 하나 행동 하나가 정치적으로 해석되지는 않을까 전전긍긍하게 되었다.

작년에 벌어졌던 이태원 참사는 너무나도 슬프고 충격적인 사건이었다. 청소년도 이태원을 방문했다는 소식에 주말 밤부터 학교에서는 학생의 안전을 확인하기 바빴다. 동시에 나 역시 학교의 걱정 어린 연락을 받았다. 젊은 교사들이 혹시라도 이태원에 방문했을까 걱정이 되었던 모양이었다. 다음날 모든 교사가 무거운 마음으로 학교에 출근했다. 평생 경험한 적 없는 국가애도기간에 학생을 어떻게 지도해야 할지 몰라 다들 어리둥절했다. 나 역시 조회시간에 희생자를 위한 묵념을 해야 하는지, 교실에서 노래를 부르고 춤추며 노는 학생들을 제지해야 하는지 감이 잡히지 않았다.

무엇보다 나를 혼란스럽게 했던 것은 가슴에 달라고 배부한 검은 리본이었다. 모든 공무원과 교사에게 일괄적으로 검은 리본을 달게 한 지침에 대해 사회적으로 강한 반발이 나오자 정부는 '자율적'으로 결정하라고 공문을 내려보냈다. 그러나 우리는 서로 눈치만 볼 뿐이었다. 검은 리본을 달고 교실에 들어가면 대통령을 지지하는 교사처럼 보일까 봐, 반대로 검은 리본을 달지 않고 교실에 들어가면 대통령을 비판하는 교사처럼 보일까 봐 무서웠다.

잘못된 것을 잘못되었다고 말하는 용기

민주주의 사회에서 다양한 의견이 존중되어야 하고 서로의 의견이 다르다고 해서 틀리다고 주장할 수 없음을 우리는 안다. 그러나 교사 입장에서 잘못된 것은 분명히 잘못된 것이라고 단호하게 가르쳐야 하는 순간이 오는데, 그 순간 나를 망설이게 하는 것이 바로 정치적 중립 의무다.

작년에는 대선이 있었다. 온 나라가 정치 이야기로 들썩일 때라 학생들도 교실에서 자신의 정치적 견해를 드러내는 경우가 종종 있었다. 문제는 그것을 드러내는 방식이었다. 일부 학생들은 특정인의 이름을 구체적으로 언급하며 매우 공격적인 발언을 내뱉었다. 그들의 행동은 쉬는 시간과 수업 시간을 가리지 않았다.

수업 시간에 사랑하는 가족을 주제로 시를 쓰던 중이었다. 학생 대부분이 정성스럽게 시를 짓고 있는 와중에 학생 한 명이 티 나게 종이를 숨기려 들었다. 그 종이에는 우리나라의 전 대통령을 조롱하는 내용이 가득 담겨 있었다. 차마 시라고 부르기 민망할 정도로 분노가 가득했고 비속어가 만연해 읽는 사람의 기분마저 불쾌하게 만드는 글이었다.

또 한번은 교실을 청소하다가 게시판에 이상한 종이 한 장이 붙어있는 것을 발견했다. 그 종이에는 절벽에서 뛰어내리는 사람의 모습이 그려져 있었는데, 이름은 적혀있지 않았으나 누구나 자연스럽게 머릿속에 한 사람을 떠올릴 정도로 구체적인 그림이었다.

주변에 여쭤보니 다른 선생님들도 비슷한 문제로 고민하고 계셨다. 수업 중에 뜬금없이 정치인 욕설을 해서 수업 흐름을 깨트리거나, 인터넷에서 도는 확인되지 않는 소문을 진실로 믿고 계속 우겨서 친구들에게 불쾌함을 주는 학생이 종종 있다는 것이다. 심지어 독립운동에 대해 배우던 중 식민지배를 옹호하는 친일 발언을 당당하게 하거나 욱일승천기를 그려 친구에게 보여주는 학생까지 있었다고 한다.

결국 나는 그 학생들을 불렀다. 그리고 왜 그들의 행동이 잘못되었는지 아주 자세하게 설명했다. 누군가의 죽음을 함부로 조롱하거나 비난해서는 안 되며, 자신의 정치적 견해를 과하게 드러내어 주변 사람들의 기분을 상하게 만들어서도 안 된다고. 아직도 식민지배에 대한 아픔이 남아있는 우리나라에서 친일 발언을 하는 것이 왜 잘못된 행동인지도 설명했다. 그러면서도 나는 계속 가슴이 두근거렸다. 나의 말이 특정 정당을 지지하거나 비판하는 것처럼 느껴질까 봐. 내가 정치적 중립을 어긴 것처럼 보일까 봐.

우리의 선의가 받아들여지기를

우리나라는 교사가 정치적 견해를 밝히는 것이 법적으로 금지되어 있다. 아직 주체적으로 판단할 능력이 부족한 청소년에게 교사가 부정적인 영향을 미칠 수 있다는 우려에서다. 교사로서 학생에게 나의 말 한마디가 얼마나 큰 영향을 미치는지 모르는 바는 아니다. 그러나 요즘 학생들에게는 부모보다도, 교사보다도 더 강력한 영향을 미치고 있는 존재가 있다. 바로 스마트폰이다.

유튜브, 인스타그램, 페이스북, 트위터를 통해 학생들이 받아들이는 정보의 양은 어마어마하다. 똑똑한 AI가 얼마나 기가 막히게 알고리즘을 만드는지, 특정 영상을 한 번만 시청해도 관련된 영상이 줄줄이 제시된다. 2020년 넷플릭스에서 제작한 다큐멘터리 〈소셜 딜레마(The Social Dilemma)〉를 보면 세계적인 플랫폼 기업의 CEO 또는 개발진이었던 사람들이 등장해 이런 말을 한다. "사람들은 영상을 보고 제작자가 원하는 대로 생각하고 행동합니다. 그리고 자기 스스로 그러한 결정을 내렸다고 착각하죠."

어른들도 SNS에 휘둘리기 쉬운데 아직 가치관이 완성되지 않은 학생들은 얼마나 쉬울까. 게다가 조회수를 끌어올리기 위해 진실과 거짓을 넘나들며 온갖 자극적인 요소를 넣어 만든 영상들은 학생들에게 잘못된 가치관을 심어줄 위험이 크다.

이럴 때일수록 나는 교사가 학생을 바르게 지도해야 한다고 생각한다. 잘못된 것은 잘못되었다고, 틀린 것은 틀렸다고 말할 수 있어야 한다. 그러나 지금처럼 교사의 말과 행동에 제약이 걸려 공격받을까 봐

망설이는 분위기가 유지된다면, 결국 가장 피해를 보는 것은 학생들이다. 마땅히 배워야 할 내용을 학교에서 배우지 못하는 것이기 때문이다. 대부분의 교사는 학생을 아끼고 사랑한다. 학생을 바르게 이끌고자 하는 교사의 선의가 곧이곧대로 받아들여지는 날이 오기를 간절히 바라본다.

학교 폭력은 현재 진행 중입니다

학교 폭력은 너희 발목 잡히는 거야

학교 폭력의 처참함을 다룬 드라마 〈더 글로리〉에서 가장 인상적인 장면은 성인이 된 문동은이 과거 자신을 괴롭혔던 가해자와 재회하는 에피소드였다. "나는, 너의 아주 오래된 소문이 될 거거든."이라고 나지막이 읊조리는 그녀의 대사에서 가해자를 향한 깊은 복수심을 느낄 수 있었다. 자신의 인생을 불태워서라도 상대방을 끌어내리겠다는 의지에 사람들은 열광했다. 죄를 지은 만큼 벌을 받아야 한다며 주인공의 복수를 응원했고, 학교 폭력 가해자가 제대로 처벌받지 않는 현실을 비난했다.

이제 대한민국에서 '학교 폭력'은 누구도 함부로 건드릴 수 없는 성역의 단어다. 과거에 학교 폭력을 저질렀다는 사실이 밝혀지면 대세 아이돌도, 국가대표 운동선수도 숨어야 하는 세상이다. 학교 폭력으로 신고가 들어왔는데 "친구들끼리 사이좋게 지내야지." 정도로 훈계하고 넘어가는 교사가 있다면 그 학교는 발칵 뒤집혀 난리가 날 것이다. 각종 언론이며 국민청원 게시판에 학교와 교사의 이름이 알려지고, 전 국민의 공분을 사 허겁지겁 뒷수습을 해야 하지 않을까.

학교 폭력에 대한 사회적 경각심이 높아진 것은 무척 다행스러운 일이다. 학교 폭력 예방 교육의 중요성이 강조된 것 역시 좋은 일임이 틀림없다. 그러나 학교 현장에서 학교 폭력 예방 교육을 실시하다 보면 "이렇게 학생들을 가르쳐도 되나?" 싶을 때가 있다. 언젠가부터 "학교 폭력을 하면 나중에 너희 발목 잡힌다."라는 논조로 교육이 시행되기 시작했다. 유명 연예인의 학폭 의혹, 모 운동선수의 학폭 의혹을 언급하면서 학교 폭력이 앞으로의 사회적 성공에 얼마나 방해가 되는지를 자세히 설명해 겁을 주는 것이다.

사람이 다른 사람에게 폭력을 가하면 안 되는 이유가 정말 그것일까? 어렸을 때 나는 "친구를 때리면 안 돼. 친구가 아파할 거야. 친구의 물건을 망가뜨리면 안 돼. 친구가 속상해할 거야."라는 이야기를 들으며 자랐다. 그런데 요즘에는 "친구를 때리면 안 돼. 친구가 너를 신고할 거야. 친구의 물건을 망가뜨리면 안 돼. 네가 그만큼 배상해줘야 해."라는 이야기가 더 일반적이다. 도대체 언제부터 우리는 상대방의 아픔에 이토록 무감각해진 것일까?

피해자의 온전한 삶에 대하여

그는 학창 시절 따돌림을 당한 적이 있다. 찢긴 채 교실 쓰레기통에 버려져 있던 교과서를 주웠을 때, 아무도 말을 걸어주지 않아 혼자 점심을 먹었을 때 느꼈던 비참함은 아직도 생생하다. 얼마나 학교 가기가 싫었던지, 밤에 자려고 눈을 감으면 다음 날 아침 눈이 떠지지 않기를 바랐다.

그로부터 10년이 흘렀다. 동네 도서관에서 공부하던 중 문득 앞자리에 앉은 사람과 눈이 마주쳤다. 그는 그 자리에서 얼어붙었다. 어린 시절 그를 괴롭혔던 가해자가 바로 앞에 앉아있었기 때문이다. 그는 그대로 도서관을 뛰쳐나왔다. 숨이 잘 쉬어지지 않아 건물 화장실 벽에 한참을 기대 있었다. 겨우 진정이 되어 도서관에 들어가 투명한 유리문 너머로 자신이 앉아있던 자리를 살폈다. 곱슬곱슬한 머리카락, 길게 찢어진 눈매, 그리고….

그 애가 아니었다. 찬찬히 살펴보니 전혀 다른 사람이었다. 전체적인 인상은 비슷했지만 얼굴 어디에서도 그를 날카롭게 찔러대던 표독스러움은 보이지 않았다. 정말로, 그냥 닮은 사람이었다. 그러나 그는 도서관을 나와 버렸다. 머릿속으로는 그 애가 아니란 것을 알았다. 그 사람은 날씨 좋은 날에 책을 읽으러 동네 도서관에 방문한 평범하고 선량한 시민이었다. 단지 그를 괴롭혔던 학교 폭력 가해자를 많이 닮은, 그래서 그의 손을 떨게 하고 온몸을 긴장시키는 사람일 뿐이었다.

이것은 누군가의 이야기다. 내 친구일 수도 있고, 내 제자일 수도 있으며, 어쩌면 나의 과거 이야기일 수도 있다.

단 하루도 잊어본 적이 없어. 어떤 증오는 그리움을 닮아서 멈출 수가 없거든… 나도 언젠가는 너의 이름을 잊고, 너의 얼굴을 잊고, 어디선가 널 다시 만났을 때 누구더라, 제발 너를 기억조차 못하길.

– 〈더 글로리〉 중에서

피해자는 학교 폭력의 순간을 단 하루도 잊지 못한다. 10년이 지나 어른이 되어도, 나를 사랑해주는 사람들을 만나 행복한 시간을 보내다가도, 문득문득 치고 올라오는 어두움이 있다. 그 어두움은 두려움이 되었다가, 분노가 되었다가, 때로는 자기연민이 되어 피해자를 옭아맨다. 피해자가 바라는 것은 가해자를 완전히 잊어버리는 것. 그래서 언젠가 가해자를 다시 만났을 때 누구더라 하며 기억조차 못 하는 것이다. 그것은 가해자가 몰락하는 것만큼이나 간절한 바람이다.

학교 폭력을 주제로 한 작품이 나왔을 때 나는 사람들이 피해자의 아픔에 조금 더 공감하길 바란다. 가해자가 망가지는 과정을 보며 통쾌함을 느끼기보다 복수에 매달릴 수밖에 없는 피해자의 삶을 더 안타까워했으면 한다. 그래서 가해자의 미래가 아니라 피해자의 온전한 삶을 위하여 학교 폭력은 없어져야 한다고 말하는 세상이 오기를 바란다.

가장 큰 복수는 피해자의 성공이라는 말

"선생님, 저는 검사가 될 거예요."

"응? 왜?"

"걔가 전학 안 가고 이 동네에서 고등학교 다닌다잖아요. 저는 걔가 대학에 입학해도, 직장에 들어가도 계속 지켜보면서 괴롭힐 거예요. 절대 행복하지 못하게요."

몇 년 전 가르쳤던 제자의 폭탄 발언이었다. 1년 동안 꾸준히 진로 상담을 했지만 한 번도 들어본 적 없는 이야기였다. 제자는 학교 폭력 피해자였다. 사안이 무거워 교육청으로 넘어갔고 두 달 만에 학폭위 결과가 나왔지만 제자의 마음을 치유하기에는 부족했다. 가해 학생이 전학을 가지 않는다는 사실에, 자신과 같은 동네에 계속 살면서 고등학교에 진학한다는 사실에 충격을 받은 것 같았다.

"그렇구나. 그래도 선생님은 네가 정말 좋아하는 일을 했으면 좋겠어. 네가 사회를 더 정의롭게 만들고 싶다는 마음으로 검사를 꿈꾼다면 정말 응원하겠지만, 그 아이에 대한 분노로 검사를 꿈꾼다면 널 말리고 싶구나."

항상 밝게 웃고 자신감이 넘치던 아이였다. 사람에 대한 선입견이 없어 누구에게나 친근하게 다가가고, 교사를 잘 따라서 내 자리에 슬그머니 우유 하나를 올려두고 가던 아이였다. 통통 튀던 성격이 매력적이었던 아이는 두 달 만에 세상에 대한 믿음을 잃고 자기를 지키기 위해 잔뜩 가시를 세우고 있었다.

가장 큰 복수는 피해자의 성공이라는 말을, 나는 좋아하지 않는다. 가해자의 잘못을 밝히고 합당한 벌을 내려야 하는 사회가 제 역할을 제대로 수행하지 못해서 피해자의 마음에 억울함을 남겨놓고, 피해자에게 본인의 감정이니 알아서 해결하라고 떠넘기는 것 같기 때문이다. 피해자로서는 "당한 것도 억울한데 성공까지 해야 해?"라며 황당해할 만한 상황이다. 자신을 괴롭힌 사람에 대한 복수심으로 성공했다는 유명인의 일화가 미디어에서 다뤄질 때마다 사람들은 "대견하다, 멋있다, 축하한다."라는 반응을 보이지만, 나는 그분들이 복수심이 아닌 열정과 희망으로 세상을 살아갔다면 얼마나 더 밝고 찬란한 인생을 살았을까 하는 생각이 든다.

"선생님, 저 꿈이 바뀌었어요!"

검사가 되어 가해자에게 복수하겠다던 아이는 얼마 전 나를 찾아와 새로운 소식을 전했다. 고등학교에 가서 공부해보니 검사는 본인의 길이 아닌 것 같다고 멋쩍게 말하는 아이의 모습이 사랑스러웠다. 다행이었다. 공허함과 경계심이 가득했던 눈빛이 다시 예쁘게 반짝거리고 있었다.

학교 폭력 가해자에 대한 처벌을 강화해야 한다는 여론은 점점 강해지고 있지만, 피해자가 일상을 회복할 수 있도록 도와야 한다는 목소리는 아직 적은 것 같다. 교사인 나조차도 학교 폭력 관련 연수를 매년 받고 있지만 실제로 학교 폭력이 발생했을 때 어떻게 피해 학생을 도와야 할지 막막한 경우가 많다. 눈물을 흘리는 아이에게 휴지를 건네주고, 어깨를 토닥여주는 것 이외에 어떤 말을 해줘야 할지, 학교생활에 어떤 실제적인 도움을 주어야 할지 모르기 때문이다.

가해자가 벌을 받으면 그것으로 학교 폭력 사건은 모두 끝난 것이라고, 피해자의 마음도 자연스럽게 해결될 것이라고, 그렇게 생각하지 않았으면 한다. 모든 피해 극복을 오롯이 피해 학생 개인의 몫으로 남겨두고 극복에 성공한 피해자에게만 박수를 보내는 일도 사라졌으면 좋겠다. 법적으로는 종결되었지만, 아직도 누군가에게는 현재 진행형인 학교 폭력이 많기에.

그래도 지금 학교에 있습니다

돈 못 버는 연예인

어느 날 동료 교사가 나에게 우스갯소리로 이런 말을 한 적이 있다.

"교사는 돈 못 버는 연예인이야."

SNS에 올린 사진 한 장, 방송 중에 카메라에 스친 표정 하나로 온갖 구설수에 휘말리는 연예인처럼 교사도 과도한 관심과 헛소문 때문에 피곤한 순간이 많기 때문이다. 연예인은 돈이라도 많이 벌지만 교사는 봉급도 적으니 영 수지타산이 맞지 않는다며 동료는 한탄했다.

그런데 곰곰이 생각해보면 '돈 못 버는 연예인'이라는 별명이 마냥 나쁜 것만은 아니다. 연예인, 아이돌, 슈퍼스타. 이름만 들어도 얼마나 설레고 빛이 나는가. 초등학생 때 연예인을 꿈꿨던 나로서는 무대 대신 교실에서, 팬 대신 제자들의 시선을 한 몸에 받는 것이 꽤 즐겁다. 게다가 교사는 연예인이나 운동선수 못지않게 팬들의 사랑을 받기도 한다. 나에게 달려와 "선생님, 선생님 팬클럽이 있는 거 아세요? 제가 회장이에요!"라고 말하며 즐거워하는 아이를 볼 때면 민망함에 얼굴이 붉어지다가도 입꼬리가 슬금슬금 올라간다. 고사리 같은 작은 손으로 직접 구운 쿠키며 비즈를 꿰어 만든 팔찌, 그림 등을 선물하는 아이들을 볼 때마다 '직업인으로서 일에 충실했을 뿐인데 이렇게 과분한 사랑을 받아도 되나?' 하는 생각도 든다.

나는 자존감이 썩 높은 편은 아니다. 남들은 겸손하다고 칭찬하지만 사실 나 스스로에 대한 믿음이 별로 없다. 그런데도 아이들은 나를 엄청 대단한 존재로 바라봐준다.

학교에서 가장 많이 듣는 소리는 "선생님, 예뻐요."다. 나는 태어나서 한 번도 내가 예쁘다는 생각을 해본 적이 없는데 아이들 눈에는 다르게 보이나 보다. 복도 끝에서부터 우다다 달려오길래 무슨 일인가 하고 귀를 기울이면 "선생님, 오늘도 예뻐요."라고 속삭이곤 한다.

두 번째로 많이 듣는 소리는 "선생님, 똑똑해요."다. 전공 교과는 국어지만 가끔 수학이나 영어 등 다른 과목에 대한 질문을 받아주기도 하는데 중학생 때의 기억을 되살려 문제를 풀어주면 어느새 아이들이 나를 둘러싸고 박수를 치고 있다. 대학교까지 졸업했는데 중학교 문제를 못 풀어서야 되겠나 싶지만 아이들에게 나는 다른 과목도 두루 잘하는 만능 국어 교사다.

어떤 대상에게 예쁘다 예쁘다 하고 칭찬해주면 더 예쁘게 자라고, 못났다 못났다 하고 지적하면 더 못나게 자란다는 말을 들은 적이 있다. 나에게 좋은 말을 해주는 아이들 덕분에 오늘도 나는 조금 더 좋은 사람이 된다.

덕분이라 말해주는 네가 있어서

내가 사는 동네에 이제 옛 친구들은 몇 명 남지 않았다. 대치동에는 대부분 공부를 목적으로 들어온 사람이 많아서 대학 입시가 끝나자마자 집을 팔거나 세를 주고 다른 지역으로 이사를 나가는 경우가 많다. 내 친구들 역시 대부분 대치동을 빠져나가 전국 곳곳으로 뿔뿔이 흩어졌고 중학교 친구 한 명, 고등학교 친구 한 명만이 동네 친구로 남아있다.

온종일 학교에서 학원에서 붙어있던 때와 비교하자면 당연히 어른이 된 지금은 친구들을 만나기가 너무 힘들다. 메신저로 연락은 주고받지만 직접 얼굴을 마주하려면 공휴일이나 크리스마스를 기다려야 한다. 그리고 일 년간의 밀린 소식을 전하고 듣느라 정신없이 수다를 떨어야 한다. 그렇게 수다를 떨다 보면 같은 동네에서, 같은 학교에서 비슷한 삶을 살았던 우리가 이제는 너무도 다른 삶을 살고 있음을 확인하게 된다. 분명히 예전엔 나와 비슷했던, 또는 나보다 더 뒤에 있던 친구들이 어느새 나를 제치고 앞으로 나아가고 있다.

그래, 확실히 대치동에서 교사가 된다는 것은 자랑할 만한 일은 아니다. 의사, 변호사, 회계사, 대기업 회사원, 스타트업 창업자가 되어 멋있게 살아가는 친구들의 모습을 볼 때마다 겨우 교사뿐이 되지 못한 스스로가 작아 보일 때도 있다. 월급도 친구들의 반토막, 사회적 위상도 반토막이다 보니 중학교 때, 고등학교 때 그렇게 잘나가던 나는 어디로 사라졌는지 한없이 자존감이 쪼그라든다.

그렇게 잔뜩 쪼그라든 나를 펴주는 것 역시 아이들이다. "선생님 덕분에 국어가 재미있어졌어요! 선생님 덕분에 학교생활이 너무 즐거워요!"라고 말해주는 아이들을 만날 때면 내가 누군가에게 의미있고 중요한 존재라는 사실을 알게 된다.

작년에 나는 어머님 한 분에게 아주 감사한 전화를 받았다. 매일 조종례 때마다 복도로 나와 나를 기다리다가 내가 멀리서라도 보이면 크게 인사를 하는 학생의 어머님이었다. 워낙 붙임성이 좋은 아이라 그런 줄 알았는데, 어머님과 통화를 하다 보니 원래는 선생님을 어려워하고 낯을 많이 가린다고 한다. 그런데 올해는 나를 너무 좋아해서 학교 가는 것을 즐거워한다는 것이다. 그러면서 슬쩍 "아이가 선생님을 좋아하니까 역사 공부도 조금 더 열심히 해보라고 독려해주실 순 없을까요? 아이가 외우는 것을 영 싫어하네요."라고 부탁하셨다. 나는 흔쾌히 그러겠노라고 대답했지만 사실 별 기대를 하진 않았다. 공부는 선생님이 하란다고 할 수 있는 것이 아니니까. 그렇지만 일단 그 학생을 불러서 새

끼손가락을 걸고 약속했다. 꼭 역사 성적을 올리기로.

놀랍게도 그 학생은 다음 시험에서 역사 성적을 엄청나게 올렸다. 그것도 약속한 점수보다 10점이나 더 높게. 원래 교과서를 한 번도 읽지 않고 모든 문제를 찍어서 풀던 학생이 나와의 약속을 지키기 위해 열심히 교과서를 외웠다는 사실이 얼마나 놀라웠던지. 별것 아닌 나와의 약속에 최선을 다해준 아이에게 너무 고마웠다.

우리는 누구나 다른 사람에게 인정받고 소중한 존재로 여겨지길 바란다. 사랑을 받고 또 베풀며 살고 싶은 것은 인간이 가지고 태어나는 본능이다. 교사는 그 본능을 충족시키기에 정말 좋은 직업이라고 생각한다. 교사가 되기 전 나는 내리사랑이 세상에서 가장 크다고 생각했다. 그런데 교사가 되고 치사랑도 내리사랑 못지않게 크고 깊을 수 있다는 사실을 알게 되었다. 내가 준 사랑에 더 큰 사랑으로 돌려주는 학생들이 있기에, 나는 오늘도 학교에 있다.

2장

정답은 없어도 빛나는 교사 생활

이승희

교사와 학생의 거울 효과

3월에 거칠다고 소문났던 아이들

지금까지 9년 동안 교직 생활을 하면서 담임을 맡았던 기간은 6년이다. 신규교사가 되자마자 첫 3년 동안은 교과 담당을 맡아 10개 학급 이상을 돌아다니며 수업했기 때문에 다양한 아이들과 만나볼 수 있었다. 이후 담임을 맡으면서부터는 아이들과 긴 시간 동고동락하며 서로 깊이 소통하게 되었다. 그러면서 이전엔 미처 몰랐던 흥미로운 사실을 발견하게 되었는데 그건 바로 '반 아이들이 담임교사의 성향을 따라간다'라는 것이다.

담임교사가 조용한 스타일이면 반 아이들도 차분하게 변해가고, 담임교사가 유머 있는 스타일이면 반 아이들도 점점 재미있는 스타일로 변해간다. 이런 법칙이 꼭 100% 들어맞는 건 아니지만 매년 어느 정도는 들어맞아서 신기하다. 다양한 성향의 아이들을 임의의 조합으로 만나는데도 늘 한 해가 지나면 나와 비슷하게 변해있는 우리 반을 볼 때마다 인간은 모방의 동물이라는 사실을 실감하고 있다.

나는 감정이 풍부하고, 속마음을 표현하는 데 솔직한 편이다. 특히 긍정적인 감정을 많이 표현하려고 노력한다. 만약 우리 반 아이가 나한테 물건을 빌려주면 난 "고마워~ 완전 감동이야. ○○○ 최고!"라고 말하면서 엄청 살갑게 표현한다. 또 소극적이던 아이가 웬일로 발표를 자신 있게 하면 호들갑 떨면서 "와! 여러분 방금 ○○○가 멋지게 발표한 거 봤어요? 사람이란 노력하는 만큼 변할 수 있다니까!"라면서 한껏 치켜세워 준다.

이렇게 내가 먼저 거리낌 없이 표현하며 다가가서인지 아이들도 어느새 점점 다정한 성격으로 변해간다. 어떻게 보면 되게 오글거리게 변한다고도 볼 수 있다. 처음 3월에 만났을 땐 시니컬하고 무뚝뚝했던 아이들도 12월쯤 되면 말랑말랑해져 있다. 그래서 난 항상 연말의 아이들이 너무 사랑스럽다. 아이들이 나와 동기화가 다 돼서 마치 '리틀 나 자신'을 보는 느낌이 들기 때문이다.

저번에 내가 코로나에 걸렸을 때도 그랬다. 옆 반 선생님께서 우리 반 교실에 보충 수업을 해주시러 오셨다가 깜짝 놀라셨다고 한다. 선생님께서 교실에 들어오시자마자 학급 임원 아이들이 활짝 웃으며 이렇게 인사드렸기 때문이다.

"○반 선생님 안녕하세요~ 오늘 저희 반에 수업하러 와주셔서 정말 감사드립니다. 부족하지만 잘 부탁드려요!"

곧이어 반 아이들 전체가 저마다 선생님을 보며 외쳤다고 한다.

"선생님 환영합니다!"

"옆 반 선생님께 수업 들으니까 신기해요!"

"오늘 열심히 할게요!"

선생님께서는 그때 아이들이 반갑게 맞이해줘서 정말 고마웠다고 말씀하셨다. 그 말을 듣는 나도 아이들이 너무 기특하고 대견스러웠다. 평소 아이들이 내가 없더라도 누굴 만났을 때 그렇게 다정히 인사하길 바랐다.

얼마 전 '꽃다발 만들기' 수업을 진행할 때도 그랬다. 아이들한테 생화를 한 송이씩 나눠주면서 색종이로는 꽃다발 포장지를 접으라고 했다. 그리고 쉬는 시간이 되면 각자 좋아하는 사람한테 꽃다발을 전해주고 오라고 말했다. 그 말을 듣자 아이들의 눈이 반짝이며 얼른 꽃 배달을 하러 가고 싶다고 설레발을 쳤다. 손이 빨라 먼저 꽃다발을 완성한 아이들은 나한테 이렇게 물어보기도 했다.

"선생님~ 혹시 교과 선생님들께 드릴 꽃다발도 만들어 볼까요? 이번 기회에 깜짝 이벤트를 해드리면 좋아하실 것 같아요!"

평소 아이들한테 마음을 표현할 기회를 자주 만들어주는 편이긴 하지만, 이젠 아이들이 직접 나서서 이벤트까지 기획하는 걸 보고 많이 놀랐다. 이제 정말 사랑꾼이 다 됐구나 싶었다. 분명 3월에는 거칠다고 소문난 아이들이었는데 말이다. 이제는 자신의 마음을 상대에게 전할 기회를 찾고, 적절한 기회가 찾아왔을 때 멋지게 자기 마음을 표현할 수 있게 되었다.

우리 반 아이들이 좀 많이 밝아

다른 반 아이들도 마찬가지로 담임 선생님 스타일처럼 변해간다. 모 선생님은 교과 학습을 중요하게 여기시는 분이고, 규격화되고 정돈된 스타일이시다. 말씀하실 때도 깔끔하고 논리적인 화법을 쓰신다. 그런데 신기하게도 그 반 아이들 역시 정말 차분하고 모범생 스타일이다. 이동 수업을 위해 그 반 옆을 지나가면 선생님이 설명하시는 소리 말곤 아무 소리도 들리지 않는다. 궁금해서 창문으로 슬쩍 쳐다보면 반 아이들이 조용히 앉아 교과서에 집중하고 있다. 수업 시간에 자기 생각을 얘기하느라 소란스러운 우리 반과는 다른 모습이다.

항상 밝고 에너지 넘치시는 부장님 학급은 아이들이 부장님과 똑 닮아서 엄청 기운차고 역동적이다. 아침 스포츠클럽 때마다 운동장에서 야생마처럼 뛰어다니고 있는 아이들은 거의 부장님 반 아이들이다. 목소리도 얼마나 우렁찬지 아이들의 목소리가 운동장에 쩌렁쩌렁하게 울린다. 아이들끼리 아웅다웅하면서도 엄청 친해서 부장님은 “우리 반 아이들이 좀 많이 밝아"라고 말씀하시며 멋쩍게 웃으실 때가 많다.

또 배려심 넘치고 자애로우신 뒷반 선생님 아이들은 선생님을 닮아 심성이 곱다. 뒷반에는 장애를 갖고 있는 아이가 있는데 반 아이들이 한마음 한뜻이 되어 그 애를 엄청 신경 써주고 도와준다. 뒷반 선생님께서는 동 학년 회의 때마다 자기 반 아이들을 자랑스럽게 칭찬하신다. 서로 도우며 생활하는 아이들이 기특하고 착하다고 말이다. 담임이 아닌 내가 봐도 그 모습이 참 예뻐 보이는데 뒷반 선생님 눈에는 얼마나 예뻐 보일까 싶다. 그 비결은 아무래도 뒷반 선생님께서 마음씨가 곱기 때문이 아닐까 생각한다.

선생님을 힘들게 하지 말자

올해가 아니더라도 매년 여러 학급을 관찰해보면 각 반 아이들이 담임 선생님 성향을 따라 변화해가는 게 보인다. 물론 예외가 있을 때도 있지만 교사와 반 아이들이 얼추 비슷하게 닮아가는 모습을 보면 신기하고 놀랍다. '가랑비에 옷 젖는 줄 모른다'라는 속담이 있듯 어찌 보면 서로 매일 함께 생활하며 닮아가는 건 자연스럽고 당연한 일인지도 모르겠다.

우리 반 아이들이 나를 닮아 사랑 넘치고 리액션 좋은 스타일로 변하는 것은 좋지만, 은근히 걱정되는 점도 있다. 나의 좋은 점만 쏙쏙 빼닮

았으면 좋겠는데 단점까지 닮아가기 때문이다. 나는 예민하고 작은 것에도 상처를 잘 받는 편이다. 우리 반 아이들도 작은 것에 마음 쓰고 슬퍼하는 모습을 보일 때면 속상하다. 가끔은 조금 뻔뻔하게 보일 정도로 아이들의 멘탈이 강했으면 좋겠는데 우리 반 아이들은 그런 나의 바람과 달리 점점 감수성 깊은 사람이 되어가고 있다. 그게 나쁜 것은 아니지만 혹시 나중에 상처받는 일이 생길까 염려된다.

우리 반 아이들은 내 입장도 배려해준다. 아이들의 언행에서 선생님의 마음이 다치지 않도록 신경 써주고 있다는 느낌을 받을 때가 많다. 7월 초 학급 회의 시간에는 어떤 아이가 이달의 학급 규칙으로 '선생님 말씀을 중간에 끊지 않기'를 제시했는데 다른 아이들이 동의한다면서 한마디씩 거들었다.

"맞아! 우리가 선생님을 도와 드려야 해!"

"그래! 선생님 힘들게 하지 말자!"

"나도 좋아. 선생님이 우리를 위해 얼마나 애를 많이 쓰시는데 당연히 노력해야지."

자기들끼리 한껏 진지한 태도로 말하는 것을 들으며 얼마나 마음이 찡했는지 모른다.

이렇게 나를 닮아가는 우리 반 아이들을 볼 때마다 앞으로 내가 더 모범을 보여야겠다고 다짐하게 된다. 교사란 직업이 쉽지 않은 이유는 이 때문인 것 같다. 이 일은 직업으로서 그냥 기계적으로 수행하면 되는 게 아니라 나라는 존재 자체를 다듬고 정진시켜야 하는 일이다. 자꾸만 더 좋은 사람이 되어야 한다는 책임감과 왠지 모를 부채감이 드는 일이다.

방학에는 나를 닮아가는 우리 반 아이들의 얼굴이 한 명씩 떠오른다.

"얘들아, 날 닮아가 줘서 고마워."

교사가 할 수 있는 것과 할 수 없는 것

저한테 바라는 것이 있으세요?

교사는 학부모님과 여러 방법으로 소통하지만, 학교에서 공식적으로 정한 학부모 상담 기간은 일 년에 총 두 번이다. 학기마다 한 번씩 진행되며 1학기에는 주로 3월에 학부모 상담을 진행하는 경우가 많다. 이 시기에는 교사가 아이에 대해서 아는 바가 거의 없어서 주로 학부모님의 말을 듣는 데 집중한다.

학부모님과 대화를 나눠보면 올해 담임 선생님이 어떤 분인지 궁금하기도 하고, 개인적으로 인사도 나누고 싶어 상담 신청을 하셨다고 말씀하시는 분들이 대부분이다. 나 역시도 긍정적인 첫인상을 남기기 위해 반갑게 인사드린다. 그리고 담임으로서 아직 아이에 대해 잘 모르니 학부모님께 먼저 아이에 대해 참고할 만한 부분을 얘기해주십사 부탁드린다.

그러면 학부모님께서는 처음엔 어떤 걸 얘기해야 할지 모르겠다 하시면서도 은근히 아이에 대해서 전달하고 싶은 바를 최대한 좋게 돌려서 말씀해주신다. 나는 일단 꼼꼼하게 받아적긴 하지만, 그 설명에 편향되어 아이를 바라보지는 않는다. 아이가 집에서 생활하는 모습과 학교에서 생활하는 모습에는 다른 부분도 많기 때문이다.

학부모 상담이 끝날 즈음엔 꼭 여쭤본다.

"제게 부탁하고 싶은 것이나 바라는 것이 있으세요? 부담 갖지 마시고 편하게 말씀해주세요."

이런 질문을 드리면 대다수의 학부모님께서는 그저 아이를 많이 예뻐해달라고 하신다. 나는 그런 학부모님의 마음이 이해돼서 "걱정하지 마세요. 애정을 갖고 지도하겠습니다."라고 말씀드린다.

자주는 아니지만 학부모님이 곤란한 부탁을 하시는 경우도 가끔 있다. 바로 아이 성향을 바꿔 달라고 부탁하시는 경우다.

"아이가 너무 내성적인 것 같아요. 좀 더 외향적인 스타일이 되면 좋겠는데 발표 같은 거 좀 많이 시켜주세요."

"저희 아이가 많이 까불어요. 올해는 좀 더 얌전해질 수 있게 도와주세요."

이런 요청을 받으면 조금 난처하다. 누구나 각자 타고난 성향이 있기 때문이다. 성향을 바꿔 달라는 얘기는 아이한테 이미 그림이 그려지고 있는 도화지가 있는데 그 도화지를 버리고 아예 새 도화지로 교체해달라는 말처럼 들린다. 그러면 아이는 누군가가 자신의 도화지를 부정하고 빼앗으려 한다고 느낄 수도 있다.

차라리 아이의 성향을 있는 그대로 인정해주고, 그 성향이 긍정적인 방향으로 나아갈 수 있도록 도와주는 것이 훨씬 효과적이다. '사람은 변하지 않는다'라는 말이 있듯 아이들도 세세한 부분은 교정해줄 수 있지만 큰 틀에서는 자기가 갖고 태어난 모양이 있어서 억지로 바꿀 수 없다. 어른이 원하는 모양으로 그릇을 성형하려고 하면 결국 아이들과 어른 모두 기분이 상하게 된다. 아이는 있는 그대로 인정받지 못하고 자꾸 지적이 들어오니 불편한 감정이 들고, 어른은 아이를 편안하게 바라보지 못하고 자꾸 평가하게 된다.

어떤 특정 성향이 무조건 좋다고 할 수는 없다. 내성적인 아이는 나서서 발표를 쩌렁쩌렁하게 하진 않지만, 생각이 깊고 섬세해서 글과 그림에 재능이 있는 경우가 많다. 이런 아이들은 대중 앞에 강제로 나서게 하면 오히려 트라우마가 생길 수도 있다.

반대로 앞에 나서는 걸 좋아하는 아이들한테 억지로 조용히 시키거나, 얌전하게 있으라고 강요하면 부작용이 생긴다. 에너지가 밖으로 향하는 아이들인데 그 에너지를 안에 가둬두는 형국이 되어 마음속에는 억압으로 인한 분노가 쌓인다. 당장은 그런 분노가 밖으로 표출되지 않더라도 언젠가는 쌓이고 쌓인 분노가 폭발해서 폭력성으로 나타날 수도 있다. 이런 아이들한테는 발표 수업을 다양하게 적용하는 것이 효과적이다. 노래나 연극도 쇼맨십 있게 잘 해낼 수 있다. 아이가 무대에 나서는 경험을 많이 만들어주는 것이 중요하다.

무대에 자주 올라가다 보면 옆에서 누가 교정해주지 않더라도 스스로 타인에게 보이는 모습을 가다듬고 조정하는 노력을 하게 된다. 이러한 자율적인 과정을 통해 에너지를 긍정적인 방향으로 다듬어나갈 수 있다.

아이가 타고난 바를 있는 그대로 인정해주는 것은 아이들한테도 큰 힘이 된다. 교사가 아이를 그대로 받아들이고 애정을 주면 아이들은 감동한다. 그리고 나름대로 그것에 보답하고자 노력을 기울인다. 이렇게 교사는 아이를 이해해주고, 아이는 교사에게 잘 보이려 노력하는 선순환을 만들면 한 해를 평화롭고 기분 좋게 보낼 수 있다. 아이들의 표정도 눈에 띄게 밝아진다. 중요한 포인트는 어른이 원하는 상을 아이한테 주입하려 들지 않는 태도이다.

우리 아이가 인기 많아지게 해주세요

친구 관계에서도 교사가 도움을 줄 수 있는 부분은 한정적이다. 학부모님들과 대화를 나눠보면 의외로 아이의 성적에 대해서 걱정하시는 분보다 친구 관계에 대해 염려하고 불안해하시는 분들이 더 많다. 아이가 친구는 많은지, 외톨이는 아닌지 물어보시며 전전긍긍하신다. 학년 초에는 아직 친구 관계가 뚜렷이 형성되지 않아 분명히 말씀드리긴 어렵지만, 걱정하시는 학부모님의 마음이 공감되어 늘 잘 살펴보고 신경 쓰겠다고 말씀드린다.

다만 아이가 인기 많아지게 도와달라고 하시거나, 학급을 이끄는 리더로 만들어달라고 하시는 경우에는 요청을 들어드리기가 어렵다. 우선 교사가 아이의 인간관계를 임의로 엮어주는 것이 쉽지 않다. 초등학교 1, 2학년의 경우에는 교사가 "둘이 한번 같이 놀아볼래?"라며 은근슬쩍 친해지게 유도해볼 수 있지만, 이 경우에도 관계를 지속해서 주시하지 않으면 금세 각자 자기가 좋아하는 아이들을 찾아 어울린다.

학년이 올라갈수록 친구 관계에서 교사가 끼칠 수 있는 영향력은 급격하게 줄어든다. 어른이 그러는 것처럼 아이들도 자기와 성향이 맞는 친구, 자신이 봤을 때 좋아 보이는 친구들을 찾는다. 이 과정에서 교사가 의도적으로 친하게 만들어주려는 것이 느껴지면 오히려 반감을 갖기도 한다.

게다가 친구 관계는 단기간에 형성되지 않는다. 아이들은 금세 친해지는 것 같아도 속을 자세히 살펴보면 서로 신뢰를 쌓고 진정으로 마음을 여는 데에는 시간이 걸린다. 특별히 가까이 느끼면서 내 편이라고 생각되는 친구를 만들려면 추억도 쌓여야 하고, 절대적인 시간의 양도 축적되어야 한다.

어른 간의 관계도 단순히 좋다, 싫다고만 정의 내릴 수 없듯이 아이들 간의 관계 역시 상당히 복합적이어서 리더를 선정하는 데도 여러 역학 관계가 작용한다. 어른이 이를 조정하는 것에는 분명히 한계가 있고, 자연스러운 교실 장면 속에서 친구 관계가 물 흐르듯 형성된다.

착한 가스라이팅

교사가 해줄 수 있는 건 아이들의 성향이나 관계를 조종하는 게 아니라 '교실의 큰 흐름을 만드는 것'이다. 아이들이 친하게 지내도록 강요할 수는 없지만 친하게 지내기 좋은 환경을 조성할 수는 있다. 아이들끼리 협동해야만 성취할 수 있는 프로젝트를 지속해서 제시하고, 프로젝트를 통해 함께 성과를 내는 경험을 하게 함으로써 서로 잘 지내야만 하는 분위기를 만들어갈 수 있다.

교실 속에서 일종의 '프레임'을 만들어가는 작업도 매우 중요하다. 친구라는 존재를 '경쟁'이라는 키워드로 프레임 씌우면 장기적으로 교실에는 서로 적대시하는 분위기가 흐른다. 반대로 친구를 '자신과 협력하는 동료'로 프레임 씌우면 서로 친화적으로 다가가고 협동하는 분위기를 조성할 수 있다.

이처럼 교사는 교실이라는 바다에서 큰 파도를 일으킬 수 있는 존재이다. 이러한 교사의 영향력을 분명히 깨닫고 학급 활동을 계획할 때 의도하는 방향 아래서 해나가면 1년이 지났을 때 상당한 변화를 느낄 수 있다.

이때 중요한 것은 교사가 큰 흐름을 만들어갈 수 있도록 옆에서 응원해주고 지지해주는 것이다. 학급 문화를 만들어간다는 것은 1년의 역사를 써 내려가는 것과 같다. 아이들의 올바른 성장과 발전을 위해 한 권의 멋진 역사책을 편찬해나가고 있는 교사들을 온 힘을 다해 응원해주면 좋겠다.

아이들은 슬라임이다

1초 만에 대답했다

교육청 생태환경 프로젝트에 2년째 참여하면서 관련 예산을 지원받아 아이들과 다양한 프로젝트를 진행하고 있다. 작년에는 '멸종 위기 동물 보호'를 주제로 잡아 그에 관련된 프로젝트를 진행했었는데 올해에는 환경 보호에 관련된 복합적인 활동들을 해보기로 마음먹었다. 그중 하나가 '오호 물병 만들기'다.

'오호 물병'은 플라스틱 생수병 사용을 줄이기 위해 발명된 친환경 물병이다. 얼핏 보면 물방울떡 같기도 하고 물풍선 같기도 한데, 식용 막 속에 물을 넣어 만든 말랑말랑한 물병이다. 꼭 장난감처럼 생긴 오호 물병 사진을 보여주니 아이들은 얼른 만들어 보고 싶다며 기대감에 눈빛이 반짝반짝 빛났다.

아이들과 달리 나는 이런 흥미로운 실험을 할 때는 늘 긴장된다. 안전상 강조할 것도 많고, 수업 내내 별다른 문제가 안 생기게끔 예의주시해야 하기 때문이다. 아이들한테 모니터로 주의사항을 띄워주면서 아무리 식용이라 할지라도 우리가 만드는 건 실험용이므로 절대 먹지 말라고 강조했다. 실험이 끝난 후에는 남은 용액을 꼭 분리 배출해야 한다는 것도 반복해서 상기시켰다. 아이들은 오호 물병만 만들어 볼 수 있다면 뭐든지 따르려는 기세였다. 얼른 실험하고 싶어서 몸이 근질근질한 것이 보였다.

아이들을 차분히 진정시키고 단계별 실험 방법을 설명해준 뒤 준비물을 나눠주었다. "준비물을 받으면 각자 자리에서 조용히 실험을 시작하세요."라고 말하니 아이들이 우렁찬 목소리로 1초 만에 대답했다.

"네!!!"

준비물을 받아 가는 아이들의 몸짓에서 설렘과 들뜸이 느껴졌다. 이런 모습을 아무런 책임 소재 없이 바라봤다면 마냥 흐뭇하고 귀여웠겠지만, 수업을 이끌어야 하는 담임교사로서 신이 난 아이들을 바라보니 걱정이 앞섰다.

아니나 다를까 아이들은 준비물을 받자마자 왁자지껄 떠들기 시작했다. 제각기 신난 손놀림으로 물과 가루를 섞으면서 누가 가루를 더 잘 녹이는지 서로 경쟁하듯 쳐다봤다. 교실 분위기가 점점 무아지경으로 치닫고 있었다. 자기 용액을 보라며 컵을 들고 오는 아이, 용액을 세차게 젓다가 책상 위에 쏟은 아이, 색소를 넣어도 되냐며 물에 물감을 푸는 아이 등등. 정말이지 부산스럽고 정신없는 분위기였다.

여기에 교실을 가득 채운 물비린내까지 합세하니 슬슬 속에서 짜증이 올라왔다.

'분명히 차분하게 실험하자고 약속했으면서 수업 시작하자마자 바로 이렇게 풀어지네.'

목구멍까지 한소리하고 싶은 마음이 올라왔지만 나무를 보지 말고 숲을 보자고 생각하며 심호흡했다.

'아이들이 수업 내용과 상관없이 저러는 것도 아니고 다들 진심으로 실험을 즐기고 있잖아. 어떻게 보면 이거야말로 온전히 집중하고 있는 모습이라고 볼 수 있지 않을까?'

스스로 위안하며 마음을 가라앉히려고 노력했다.

몇 분 뒤 마음이 편안해지자 담담한 목소리로 얘기했다.

"여러분, 실험하면서 서로 궁금한 것을 물어보거나 감상을 나누는 것은 좋습니다. 다만 자기 자리에서 벗어나 돌아다니거나 수업과 관련 없는 이야기를 하는 것은 실험에 방해되므로 조심해주세요."

아이들은 내 말을 찰떡같이 알아듣고 어느새 오호 만들기에 흠뻑 빠져들었다. 교실은 점점 더 조용해져 갔다. 다들 실험에 정신이 팔려있는 모습을 보니 왠지 모를 뿌듯한 감정이 들었다. 오히려 내가 흥분해서 조용히 실험하라고 강한 어조로 말했더라면 역효과가 날 뻔했다. 이렇게 자연스레 조용해질 것을 말이다.

아이들은 조각상이 아니라 슬라임

신규교사 때에는 아이들이 떠들면 내 목소리도 점점 커졌다. 내 데시벨이 올라가면 아이들의 목소리도 더욱더 커졌다. 그래서 역발상을 통해 아이들이 시끄러울수록 더 차분하게 얘기하기 시작했다. 억지로 목소리를 높이지 않고 조곤조곤 말하니까 잔뜩 흥분해있던 아이들이 은근슬쩍 조용해지며 나를 바라봤다. 그날 이후로 상습적으로 반복되던 성대결절이 없어졌다.

아이들이 떠드는 것을 무조건 부정적으로 보는 시각도 바뀌었다. 예전에는 교실이 소란스러워지면 반사적으로 조용히 시켰는데 그게 교육적으로 좋은 것인지 근원적인 의문이 생겼기 때문이다. 이제는 아이들이 하는 대화가 수업과 관련된 것이라면 어느 정도는 허용해준다. 쥐 죽은 듯이 조용한 분위기 속에서 별다른 반응 하나 없이 진행되는 수업은 하고 싶지 않다.

아이들이 무분별하게 말하도록 내버려 두는 것이 아니다. 수업 시간에 발표하거나 토론할 시간을 충분히 줘서 서로 궁금한 점이나 감상에 대해 충분히 공유하도록 해준다. 아이들이 수업 장면 중 적재적소에 참여해서 말하게 하는 것이 곧 수업 기술이며, 그 기술을 잘 활용하면 학습 분위기를 형성하는 데 큰 도움이 된다.

아이들이란 내가 한 땀 한 땀 다듬어야 하는 조각상 같은 존재라기보다는 있는 그대로 자연스럽게 받아들여 줘야 하는 존재다. 교사가 원하는 방향으로 세세한 부분까지 조각하려고 하면 마치 조각칼에 스쳐 손에 상처가 나듯 내 마음에도 생채기가 날 수 있다.

요즈음에는 아이들을 '슬라임'이라고 생각하고 대하고 있다. 슬라임은 물처럼 형태가 없는 말랑말랑한 젤리 같은 물질이다. 나는 아이들도 슬라임처럼 어떤 정해진 형태가 없다고 생각하고, 있는 그대로 존중해 주려 노력한다. 쫀득한 슬라임은 쫀득한 대로, 부드러운 슬라임은 부드러운 대로 매력이 있듯 아이들이 가진 다양한 매력을 좋게 봐주고 계속 관심을 기울이면 언젠가 서로 온도가 맞춰지지 않을까 기대한다.

진심 어린 영혼은 느껴지지 않았지만

물론 아이들을 있는 그대로 인정해주는 일이 절대로 쉽지만은 않다. 슬라임은 만지는 재미가 있으니 계속 치대며 만지는 것이지만 아이들한테 계속 관심을 주는 것은 마치 수도자가 고행하듯 지극한 인내심과 관용이 필요하다. 하루에도 수십 번씩 나의 인내심을 테스트하며 감정을 추슬러야 하고, 했던 말을 반복 또 반복해야 한다.

지금은 좀 나아졌지만, 신규교사 때에는 아이들이 하교하고 나면 서러워서 운 적도 많다.

'대체 왜 이렇게 감정 소모가 심한 거야. 나 좀 그냥 내버려 뒀으면 좋겠다.'

나보다 미숙한 존재들을 넓은 아량으로 이해하고 감싸 안는 게 쉽지 않았다.

어느 날이었다. 퇴근하면서 지금 이용 중인 핸드폰 요금제를 알뜰폰으로 바꾸려 고객센터에 전화를 걸었다. 고객센터에서는 시종일관 친절한 목소리로 내 문의 사항에 대답해주었다. 만족스럽게 문의를 마치고 전화를 끊는데 순간 '아, 이거다!'라는 생각이 들었다. 상담사분과 통화하는 내내 진심 어린 영혼은 느껴지지 않았지만, 최선을 다해 내 말에 귀 기울여 주셨고 최종적으로는 문의 사항을 해결해주셨다.

반면 교실에서의 나는 너무 매 순간 진심이었다. 매 순간 진심으로 화가 났고, 슬펐고, 기뻤다. 처음으로 '내 감정을 좀 덜어보면 어떨까?'라는 생각이 들었다. 그날 이후로 나는 아이들을 대할 때 고객센터 상담사분처럼 감정을 덜고 상황에 더 집중하고자 노력한다. 생각의 중심을 나한테 두지 않고 아이들한테 두니 공감도 더 잘 되고 내 감정도 덜 다친다.

당연히 아이와 진심 어린 소통을 해야 할 때는 영혼을 실어 대하지만, 그 외 부분에서는 감정을 덜고 최대한 교육적인 지도를 하는 것에 집중한다. 감정이 과하지 않으니 아이들도 덜 부담스러워하는 눈치다. 혹시 나처럼 감정이 자주 실리는 분께는 고객센터 벤치마킹을 꼭 추천해드리고 싶다.

교사에게 가장 필요한 능력

손부터 씻고 들어오세요

교사에게 가장 필요한 능력은 무엇일까? 길에 지나다니는 사람들한테 물어보면 저마다 다른 대답을 할 것이다. 어떤 사람은 '수업을 잘하는 능력'이라고 할 것이고, 또 어떤 사람은 '인성 교육을 잘하는 능력'이라고 할 것이다.

이렇게 사람들의 대답이 각각 다를지라도 내 생각은 한 가지다. 바로 '쉽게 말하는 능력'이다. 교사한테는 쉽고 간단하게 말하는 능력이 가장 필요하다. 아이들은 아직 언어능력이 덜 발달했기 때문에 말이 조금이라도 길어지거나 복잡해지면 뜻을 제대로 이해하지 못한다.

혹자는 이렇게 반문할 수도 있다. 모든 말을 간단하게 할 필요 없이 아이들이 이해 못 했을 때만 쉽게 풀어서 설명해주면 되는 거 아니냐고 말이다. 그러나 아이들이 내가 한 말에서 어느 지점을 이해하지 못했는지 매번 잡아내기가 쉽지 않다는 게 문제다. 게다가 아이들은 어른한테 뜻을 되물을 때보다 그냥 이해한 척 "네~"라고 대답하며 넘길 때가 더 많다.

나는 아이들과 대화할 때는 항상 아이들의 눈빛과 표정을 살핀다. 아이들은 내 말을 이해할 때는 눈빛도 살아있고 대답도 생동감 있게 하는데 그렇지 못한 순간에는 미묘하게 공허한 표정을 짓는다. 아이가 고개를 끄덕이고 있다고 해서 이해한 것이 아니다. 그 순간 아이에게 방금 들은 내용이 뭐였는지 콕 집어 물어보면 못 알아들은 경우가 더 많다. 그럴 때는 최대한 쉬운 단어로 바꿔서 차근차근 다시 설명해주곤 한다.

하지만 아이들과 하는 모든 대화에서 반응을 주시하고, 다시 설명해 줄 수는 없는 노릇이다. 대화의 흐름도 끊길 뿐만 아니라 자꾸 되물으면 아이들도 귀찮아한다. 교사는 학교에서 거의 끊임없이 말을 하므로 말의 효율을 올리는 것이 굉장히 중요하다. 한 번 얘기할 때 아이들이 최대한 이해하도록 해야 서로 에너지가 덜 소모된다. 그러므로 최대한 의식적으로 쉽고, 간단하게 말하는 연습을 해야 한다.

신규교사 시절에는 이것을 몰라서 무조건 자세하게 말하려고 했다. 길게 풀어서 자세히 말하면 아이들이 잘 이해하리라 생각했다. 그러나 말이 장황해질수록 전달력이 현저히 떨어졌다. 수업 시간 40분을 빈틈

없이 꽉 채워 얘기했는데도 아이들이 이해하는 것은 절반도 채 안 되었다. 결과적으로 내 에너지만 낭비되었을 뿐 효율이 상당히 떨어지는 수업이었다. 아이들에게 많은 학습량을 '입력'하고자 했을 뿐, 실제적으로는 '가르치지' 못했다.

쉽고 간단하게 얘기하려면 한 문장에 하나의 의미만 담아서 얘기하는 것이 좋다. 한 문장에 여러 의미를 담으면 아이들의 뇌는 그 문장을 처리하는 데 어려움을 겪는다. 아이들은 내 말을 단어 하나, 문장 하나씩 초집중해가며 듣지 않는다. 최대한 이해하기 쉽게 말을 해서 스치듯 들어도 아이들의 뇌리에 박히도록 해야 한다.

특히 무엇인가를 지시할 때는 더더욱 그렇다. 나는 운동장에서 체육을 하고 오면 아이들에게 교실에 들어가기 전에 먼저 손을 씻으라고 당부한다. 이때 아이들에게 어떻게 말하는 것이 효과적일까. "화장실에 가서 손을 씻고 교실로 들어오세요."라고 말하면 말이 너무 길어진다. 하나의 문장에 "화장실에 가서 손을 씻으세요."와 "교실로 들어오세요."라는 두 가지 의미가 있기에 귀에 쏙 들어오지 않는다.

이럴 때는 중요하지 않은 부분을 덜어내고 말하는 것이 좋다. 방금 문장에서 '화장실에'와 '교실로'라는 부사는 꼭 필요하지 않다. 아이들은 이미 손은 화장실에서 씻는다는 것을 알고 있고, 들어오라는 말이 교실을 가리킨다는 것도 알고 있다. 부사가 들어가는 순간 아이들의 뇌에는 처리할 양이 늘어날 뿐이다. 부사를 떼고 "손부터 씻고 들어오세요."라고 단순하게 말해도 의미는 충분히 전달된다. 만약 여기에 좀 더 덧붙이고 싶으면 손짓으로 화장실을 가리키면 된다.

짧고 명료하게 말하는 습관은 아이들과의 관계에도 긍정적인 영향을 끼친다. 아이들은 교사의 말이 길어지면 그것이 꼭 필요한 말일지라도 '잔소리'로 치부해 버린다. 말이 잔소리가 되는 순간 아이들은 들은 말을 한 귀로 듣고 한 귀로 흘리며, 심지어는 교사한테 반감을 갖기도 한다. 물론 아이들을 보고 있으면 알려주고 싶은 것이 한두 가지가 아니다. 그러나 아무리 필요한 말일지라도 계속 길게 얘기하면 아이들은 어느새 교사의 말을 필터링해서 듣기 시작한다.

오히려 아이들이 교사의 말에 귀 기울이게 하고 싶다면 의식적으로 '말에 여백을 두는 연습'을 해야 한다. 체육 시간이 끝난 상황에서도 교사가 "손부터 씻고 들어오세요."라고 말하고 나서 아무 말도 하지 않는 것이 좋다. 지시사항을 짧게 말한 후 아이들을 쳐다보고 있으면 아이들이 알아서 서로 "손부터 씻으래~"라고 말하며 공백을 메꾸려고 한다. 교사로서 말에 비어있는 공간을 두는 것이 쉽지 않은 건 사실이지만, 아이들에게 말을 소화할 시간을 주기 위해서라도 연습해보는 것을 추천한다.

최고의 무기이자 최악의 약점

교과서 내용을 가르치다 보면 말이 길어질 수밖에 없을 때도 있다. 내용을 잘라서 전달하기 어려울 때는 아이들이 지루하지 않게 중간중간 말의 높낮이를 다르게 하거나 어투나 음색을 바꿔주는 것이 좋다. 갑자기 두꺼운 저음을 내거나 엄청 작게 얘기하는 등 목소리에 변화를 주는 방법에는 여러 가지가 있다. 그때그때 상황적으로 어울리면서 아이들의 시선을 끌 만한 말의 변화를 주는 것이 포인트이다.

그래야 아이들이 듣기 시작한다. 이 모든 방법은 아이들이 내 말을 잘 들어주길 바라는 교사의 처절한 몸부림이다. 어쨌든 교사는 끊임없이 아이들에게 무엇인가를 전달해야 하는 존재이다. 그것이 인성 교육이든 학습 내용이든 아이들이 받아들여야 비로소 전달할 수 있다. 교사가 말의 전달력이 떨어진다는 것은 교사 영향력이 떨어진다는 말과 같다. 아이들이 교사의 말을 듣지 않기 시작하면 아이들과 소통하기도 어려워지기 때문이다.

즉 교사의 언어 전달 방식은 교사에게 있어서 최고의 무기이자 최악의 약점이 될 수 있다. 지금까지 언급한 교사가 말하는 방법을 정리해보면 다음과 같다.

❶ 최대한 짧게 얘기할 것.

❷ 한 문장에는 한 가지 의미만 담을 것.

❸ 말이 길어진다 싶으면 말의 높낮이나 어투에 변화를 줘서 지루하지 않게 할 것.

사실 이 3가지 말하기 방법은 교직 생활에만 도움이 되는 것이 아니라 일상생활에서도 도움이 된다. 문장에서 강조할 부분과 덜어내야 할 부분을 구분하다 보면 근본적으로 내가 원하는 것이 뭔지 알 수 있어서 복잡한 생각을 정리할 때 효과적이다.

진짜 알짜배기 고수

오래전에 책을 읽다가 '사랑해야 이해할 수 있다.'라는 문장을 본 적이 있다. 그 문장을 읽는데 저절로 아이들과 나의 관계가 떠올랐다. 내가 교사로서 아이들에게 애정을 갖고 지도하는 것만큼 아이들이 나를 좋아하게끔 만드는 것도 중요하다. 그래야 아이들이 나를 이해해주기 시작하고, 내가 하는 말을 받아들일 수 있기 때문이다.

그래서 나는 3월이 되면 가장 먼저 '아이들이 교사를 사랑하게 만드는 작업'을 선행한다. 작업의 근간은 '말을 쉽고 간단하게 하는 것'이다. 아이들은 순수하고 속마음이 투명하게 비치기 때문에 인간관계를 맺을 때도 속마음이 잘 느껴지는 상대를 좋아한다. 내가 말을 쉽고 간단하게 하면 아이들은 내 의중을 금방 파악하게 되어 금세 마음을 열어준다.

물론 나도 가끔 머리가 복잡하거나 피곤할 때는 말을 주저리주저리 하곤 한다. 그럴 때는 그냥 다 내려놓고 일단 쉬려고 하는 편이다. 심신이 편안해야 말도 정돈되게 할 수 있기 때문이다. 아이들에게는 "방금 선생님이 너무 정신없이 말했지? 미안해. 우리 잠깐 쉬자."라고 이야기한다. 이처럼 교사가 말을 신경 써서 하는 것이 느껴지면 아이들도 어느새 교사를 따라 함부로 말하지 않게 된다. 교사가 좋은 언어 습관을 지니고 있으면 아이들에게도 자연스럽게 말하기 연습이 되는 이유다.

발표 수업을 할 때도 마찬가지다. 발표 수업에서는 텐션을 팽팽하게 유지하는 것이 중요하다. 리듬감 있게 발표가 이어져야 타인의 결과물에 흥미를 갖고 집중하는 수업을 할 수 있다. 발표가 늘어지면 흐름이 깨지고 집중력도 현저히 떨어진다. 나는 아이들에게 발표를 시킬 때는 핵심만 짧게 얘기해달라고 부탁하는 편이다. 아이들이 조금씩 말의 군더더기를 덜어내기 시작하면 어느새 발표 텀이 짧아지고, 내용 환기도 빨라지면서 수업에 생기가 돈다.

바야흐로 속도가 빠른 시대다. 유튜브에서도 일반 동영상보다 30초 이내의 쇼츠 영상이 조회 수가 잘 나올 정도로 이제 사람들은 모든 것을 빠르게 처리하려고 한다. 내가 계속 간결하게 말하려고 노력하는 이유에는 이러한 변화에 적응하고 싶어서 그런 것도 있다.

일상에서 사람을 대할 때도 마찬가지다. 나는 쓸데없이 길게 말하거나 간단한 것도 복잡하게 바꿔 얘기하는 사람을 좋아하지 않는다. 지금껏 자신이 박식한 듯 어려운 용어를 써가며 말하는 사람 중에 알짜배기는 거의 없었다. 오히려 복잡한 내용도 자신만의 언어로 가공하여 쉽게 풀어내는 사람이 진짜 고수였고 전문가였다. 그런 분들과의 대화 속에는 오랜 경험으로 얻어낸 지혜가 이해하기 쉬운 단어로 녹아있었다.

'항상 말을 쉽게 하기'. 우리 사회에 이러한 노력을 하는 사람이 많아진다면 서로 간의 소통이 지금보다 원활해지지 않을까.

우리는 교육 큐레이터

온라인 사이트 없이 수업 듣고 싶어요

교과서 내용을 정리하여 시각적으로 구성해놓은 모 사이트가 있다. 그 사이트에는 교과서 내용뿐만 아니라 각 차시에 어울리는 영상과 사진 자료들도 함께 탑재되어 있다. 신규교사 때는 매 수업에서 해당 온라인 사이트를 이용했다.

발령받자마자 생전 처음 해보는 행정 업무를 익히고, 아이들 생활지도에 힘쓰느라 수업을 정성스럽게 준비할 여력이 없었는데 그 사이트 덕분에 걱정이 덜어져서 다행이었다. 하지만 가끔은 수업하다가 의문이 들 때도 있었다.

'이 자료는 내용이 약간 부실하네. 이거 말고 더 좋은 자료가 있을 텐데.'

그런 의문이 들 때면 나의 현실적인 상황을 고려하여 애써 모른 척하고 지나갔다.

교원 능력평가 시즌이 되었다. 긴장되는 마음으로 아이들이 나에 대해 쓴 주관식 문항들을 읽어봤다. 대부분 칭찬의 말이 적혀있었지만 늘 그렇듯 부정적인 말이 제일 먼저 눈에 들어왔다. 그중 가장 인상 깊었던 것은 '선생님, 저는 온라인 사이트 없이 수업 듣고 싶어요.'였다. 짧은 문장이었지만 나에게 강한 충격으로 다가왔다. '수업'이라는 교사의 기본적인 소임에 대해 지적하고 있었기 때문이다.

'아, 그러고 보니 발령받은 이후로 항상 온라인 사이트를 이용했구나. 아이들은 다양한 수업을 듣고 싶었을 텐데 그동안 내가 너무 안일했던 것 같다.'

반성하는 마음이 들며 이 얘기를 그냥 넘어가면 안 되겠다고 생각했다. 앞으로는 수업 준비에 더욱더 신경을 써서 전보다 좋은 수업을 해야겠다고 다짐했다. 물론 좋은 수업을 한마디로 정의하긴 어렵지만 적어도 배움이 있으면서 즐거움도 놓치지 않는 수업이라면 그것이 바로 좋은 수업이 아닐까 싶었다.

'나에게는 분명 다채롭게 수업할 역량이 있다. 이제부터 수업의 주도권을 가져와 보자!'

이렇게 의지를 불태우며 수업을 짜기 시작했다. 늘 온라인 사이트의 보조를 받던 내게는 새로운 도전이었다. 교과서 내용에 어울리는 자료도 직접 찾아 구성하다 보니 이전보다 수업 연구도 더 많이 하게 되었다.

바야흐로 수업의 주도권이 내게로 넘어오는 순간이었다. 온라인 사이트에서 각색해준 수업 구성을 수동적으로 따르는 것과는 차원이 달랐다. 스스로 만들어가는 수업을 하게 되면서 어떻게 하면 아이들이 더 흥미를 갖고 참여할 수 있을지 고민도 많이 했다. 요즘 아이들은 글보다는 사진, 사진보다는 영상을 더 선호했다. 같은 학습 내용이어도 어떤 형식의 자료를 보여주냐에 따라 학습 효과가 천지 차이였다.

교과서 내용을 그대로 읽고 칠판에 정리해주는 식의 수업을 하면 아이들은 몸을 배배 꼬며 지루하다는 티를 팍팍 냈다. 글로 된 수업을 할 때는 발표할 거리를 많이 만들어주거나, 프로젝트를 제시해서 모둠원들과 협동하게 하는 것이 효과적이었다. 글을 단지 글로써 접하도록 하는 것이 아니라 다양한 활동으로 가공하여 전달하면 아이들은 수업이 재밌다고 느끼며 적극적으로 참여하는 모습을 보였다.

매 수업에 시각적인 모티브를 줄 수 있도록 사진과 영상 자료도 충분히 준비했다. 사진 자료를 보여줄 때는 해당 교과서 내용에 딱 어울리는 사진을 아이들이 궁금해할 타이밍에 맞춰 보여줄 때 효과가 있었다. 단지 수업 내용과 관련 있는 사진이라고 마구잡이로 여러 장을 보여주기만 하면 아이들의 눈에서는 점점 영혼이 빠져나갔다.

반면 영상 자료는 사진 자료와는 다른 양상을 보였다. 수업 내용과 관계가 있든 없든 일단 영상 자체만으로도 시선을 끄는 힘이 있었다. 다만 영상이라 할지라도 내용이 5분 이상 길어지거나, 편집 없이 지루한 톤으로 진행되는 경우에는 곧바로 관심이 사그라들었다. 수업 내용과 밀접한 관련이 있으면서 핵심만 짧게 담은 영상을 제시하는 것이 관건이었다. 엄선된 영상 자료는 학습 내용을 뇌에 이미지화해서 기억하게 하는 데 매우 효과적이었다.

수업을 스스로 짜보기 시작하면서 알게 된 점은 인터넷에 좋은 자료가 많다는 사실이었다. 무조건 교사가 자료를 직접 제작하는 것만이 능사가 아니고, 인터넷에 양질의 자료가 있다면 적절히 활용하는 것도 학습 효과를 높이는 데 도움이 될 수 있다는 것을 깨달았다.

수업 대상이 저학년이면 직관적이고 구체적인 자료를, 고학년이면 학습 내용에 덧붙여 심화로 알아볼 수 있는 응용 자료를 찾아보는 편이다. 이때 학년에 상관없이 놓치지 말아야 할 것은 '구체성'과 '재미'다. 내용이 모호하고 지루하면 자칫 시간만 낭비하게 된다.

앞으로도 나 자신을 '교육 큐레이터'라고 생각하며 좋은 수업을 맞춤 큐레이팅해보고자 한다.

나와 맞지 않는 옷

양질의 자료뿐만 아니라 수업에서 가장 중요하게 고려해야 하는 것은 바로 '수업을 듣는 아이들'이다. 수업을 준비할 때는 무엇보다 수업을 듣는 아이들에 대한 이해가 선행되어야 한다. 아무리 좋은 수업을 준비한다고 할지라도 정작 아이들이 학습 내용을 받아들이지 못하면 아무 소용이 없기 때문이다. 옷을 입을 때도 자신과 맞지 않는 옷을 입으면 마냥 불편하듯 수업 방식도 아이들과 맞지 않으면 학습 내용이 겉돌게 된다.

수업에서 어떤 자료를 제시할지가 '무엇'에 해당한다면, 아이들에 따라 어떤 수업 방식을 적용할지 고민하는 것은 '어떻게'에 해당한다. 같은 수업이라도 '어떻게' 아이들에게 적용하느냐에 따라 몰입도에 큰 차이가 난다. 학습 내용이 아이들에게 착 감기게 하려면 아이들이 수업에서 자신의 스타일을 편안하게 드러낼 수 있도록 해야 한다. 담임을 맡으면 제일 먼저 아이들의 성향부터 파악하려고 하는 것도 이 때문이다. 쉬는 시간에는 아이들이 뭐하면서 노는지 관찰하고, 수업 시간에는 다양한 학습 활동을 제시하면서 아이들의 반응을 살핀다.

내향적이고 남 앞에 나서는 것을 좋아하지 않는 아이라면 억지로 발표하게 하기보다는 글이나 그림으로 자기 생각을 표현하게 한다. 아이의 감수성을 인정해주고 자신의 에너지를 응축한 결과물을 만들어낼 수 있도록 한다. 한편 외향적이고 에너지 넘치는 아이라면 앞에 나와 발표할 기회를 많이 만들어주고, 수업 분위기를 적극적으로 이끌게 한다. 아이마다 수업 장면에서 자기가 펼쳐내고 싶은 역량이 있으므로 교사가 이를 최대한 반영해주면 학습에 대한 집중력과 수업 참여도가 확 올라간다.

아이들을 학교라는 틀에 억지로 끼워 맞추는 시대는 지나갔다. 이제는 학습 환경을 아이들에 맞춰 조성해줘야 하는 시대가 도래했다. 다만 현실적으로 교사가 아이들의 스타일을 100% 맞춰주는 데에는 한계가 있으므로 최대한 아이들의 성향을 존중하고, 수업에 반영하려는 의지를 보여주는 것만으로도 충분하다.

부장님의 폭탄선언

시기마다 유행하는 특색 교육도 마찬가지다. '시작이 반'이라는 말처럼 교사가 자신의 능력 안에서 특색 교육을 시도해보는 것만으로도 의미가 있다. 요즘에는 코딩이나 인공지능(AI), 메이커교육의 중요성이 대두되고 있다. 현대 사회에서 정보화 능력(코딩, AI)과 창조 능력(메이커)은 필수 역량이기 때문이다. 사실 교사가 이런 분야를 갑자기 전문가처럼 가르치기에는 어려움이 있다.

나 역시도 처음 이러한 교육을 학교 현장에 도입하겠다는 뉴스를 접했을 때는 걱정이 앞섰다. 코딩이나 메이커교육에 대해 전혀 모르는 상황이었기 때문이다. 그러던 어느 날, 학년 회의 시간에 부장님께서 폭탄선언을 하셨다.

"선생님들, 다음 주 창의적 체험 활동 시간에는 코딩 수업을 한번 해 봅시다."

그 말을 듣고 눈앞이 캄캄해져서 부장님께 코딩 수업은 어떻게 진행하면 되는지 여쭤봤다. 부장님께서는 일단 너무 막막하게 생각하지 말고 아이들과 간단한 코딩 게임부터 해보라고 말씀해주셨다. 코딩 게임은 사용자가 명령어를 순서대로 입력해서 원하는 대로 캐릭터를 움직이게 하는 프로그램이다. 컴퓨터실에서 아이들에게 코딩 게임을 가르쳐주니 너무 재밌어 했다. 그날 이후로 학급 전체에 코딩에 대한 관심도가 높아져서 나중에 코딩 관련 직업을 갖고 싶다는 아이들도 생겼다.

나 역시도 몇 번 코딩 게임을 이용한 수업을 진행하면서 중요한 사실을 깨달았다. 코딩교육이란 아이들에게 복잡한 컴퓨터 기술을 가르쳐주는 것이 아니라 '알고리즘 세우는 법'을 가르쳐주는 교육이라는 사실을 말이다. 스스로 알고리즘을 세워 과업을 해결하고, 문제 해결 능력을 배양하는 것이 코딩교육의 본질임을 깨달은 이후로는 코딩교육에 대한 자신감이 생겼다.

메이커교육도 마찬가지다. 메이커(Maker)라는 영어 단어 뜻에서 추측할 수 있듯 메이커교육은 아이들이 무엇인가를 직접 만들어 보면서 창작 능력과 문제 해결 능력을 기르게 하는 교육이다. 넓게 보면 아이들이 무엇인가를 만드는 모든 활동이 메이커교육에 속할 수 있다. 얼마 전 아이들과 함께 만든 '오호 물병'도 생태환경 교육과 메이커교육을 융합

한 결과물이라 할 수 있다.

처음에는 코딩교육과 메이커교육 모두 생소한 단어였지만 직접 수업해보니 전부터 해오던 교육 활동과 동떨어진 것이 아니었다. 그동안 해오던 기본적인 교육 활동에 새로운 의미와 가치를 더해 명명했을 뿐 본질은 같았다.

'Back to basic(기본으로 돌아가라)'이라는 말이 있다. 교육에서도 시대상에 따라 유행처럼 여러 학습 내용이 대두되지만 면면이 살펴보면 모두 근본적으로 아이들의 기본 생활 습관과 기초 학습 능력을 배양하는 데 방점을 두고 있다. 앞으로 교직에 임하는 동안 수많은 교육 트렌드가 생겨났다가 사라지겠지만 항상 기본에 중심을 두고 흔들리지 않으면 어떤 것에든 적응할 수 있으리라 믿는다.

솔직함과 거짓말 사이

이번 단원은 재미없다

우리 반 아이들은 수학을 좋아하지 않는다. 다른 과목을 수업할 때는 눈이 반짝반짝 빛나고 내가 한마디하면 자기들도 한마디 얹고 싶어서 드릉드릉한 것이 보이는데 수학 시간만 되면 다들 눈에 초점을 잃고 멍하니 앞만 보거나 고개를 숙이고 있다. '대체 고개 숙이고 뭐 하는 거지?' 궁금한 마음에 유심히 살펴보면 아이들마다 다채롭게 딴짓하는 중이다. 교과서에 그림 그리는 애, 친구한테 쪽지 쓰는 애 등등 각자 무언가에 열중해서 바쁘다.

신규교사 때에는 이런 모습을 보면 속상한 감정을 숨기지 못했다.

"여러분이 수학을 좋아하지 않는 것 같아서 선생님도 기운이 안 나네요. 이번 단원이 재미없는 건 알지만 그래도 집중해주면 안 되나요?"

이런 식으로 투명하게 내 속마음을 표현해버릴 때가 많았다.

그때는 당장 서운한 마음에 그렇게 말했지만, 교육적인 관점으로 바라봤을 때 교사의 감정을 너무 솔직하게 표현하는 방식은 그다지 좋은 것이 아니었다. 아이들에게 '집중하지 못한다'라고 직접적으로 지적하는 방식은 순간적으로 긴장감은 줄지언정, '열심히 해야겠다'라는 동기를 부여하지는 못했다. 오히려 아이들 머릿속에 '우리는 집중을 잘 못하는 아이들이야'라는 프레임을 씌울 수 있어서 장기적으로 봤을 때는 학습 분위기 형성에 도움이 되지 않았다.

게다가 '이번 단원이 재미없다'라고 인정한 것 역시 실수였다. 처음에는 아이들 마음에 공감해주고 싶어서 그렇게 얘기한 것이었는데 좀 더 멀리 봤더라면 긍정적인 언어를 사용해야 했다.

아이들은 교사를 좋아하면 교사의 언행을 그대로 따라 하고자 하는 모방 심리가 있다. 심지어는 교사의 머리 스타일이나 옷차림을 따라 하기도 한다. 아이들은 교사가 좋아하는 것을 같이 좋아하고, 교사가 싫어하는 것을 같이 싫어한다. 이러한 아이들의 모방 심리를 잘 이용하면 굉장한 교육적 효과를 낼 수 있다.

반대의 경우도 마찬가지다. 교사가 이번 단원이 재미없다고 인정한 것은 아이들에게 모방 심리에서 기인한 정당성을 부여할 수 있어 위험하다.

한 아이가 마침 수학 공부를 열심히 해보려고 마음먹었다고 하자. 그래도 영 흥미가 안 생길 때는 '선생님께서도 이번 단원은 재미없다고 하셨으니 내가 하기 싫은 것도 당연해.'와 같은 일종의 심리적 당위를 부여할 수 있다.

교사가 늘 솔직한 것이 좋은 것만은 아니라는 사실을 깨달은 후부터 나는 하얀 거짓말을 하기 시작했다. 이때 하얀 거짓말은 철저히 교육적 효과를 고려하여 계산적으로 내뱉는 말이다. 이제는 수학 수업을 할 때 '재밌다', '쉽다'와 같이 즐겁고 낙천적인 표현을 많이 쓴다. 수학 교과서를 펼 때도 밝은 목소리로 "여러분, 오늘 수학에서 아주 흥미로운 내용을 배울 예정이에요."라며 아이들의 심리적 허들을 낮춰주려고 한다.

그러자 신기하게도 어느 순간부터 아이들이 수학 시간에 임하는 자세가 달라지는 것이 보이기 시작했다. "선생님, 오늘따라 학습 내용이 쉽네요."라며 어깨를 으쓱하는 아이도 생겼고, 심지어 "제가 제일 좋아하는 과목은 수학입니다."라고 말하는 아이도 등장했다. 마치 최면에 걸린 듯 아이들이 변화해가는 것을 보면서 내심 뿌듯하고, 교사의 언어 사용 전략이 얼마나 중요한지 다시 한번 깨닫게 되었다.

선생님 죄송해요

물론 교사가 아이들과 대화할 때 늘 교육적인 효과를 고려하여 말할 수는 없다. 하얀 거짓말은 학습 효과를 높이려고 의식적으로 하는 것이지 사실 사람 간의 관계에서는 진실한 소통이 제일 중요하다. 진실한 소통은 서로 솔직한 마음을 나눌 때 비로소 가능하다. 특히 아이들을 훈육하거나 친밀한 관계를 형성할 때는 더더욱 그렇다. 수업할 때는 해당 과목을 정말 좋아하는 척하고, 유익한 것을 배워 감사한 것처럼 연기하지만 개인적으로 아이들과 대화하거나 훈육할 때는 솔직하게 인간 대 인간으로서 다가가려고 노력한다.

한번은 이런 일이 있었다. 학급에 아침부터 싸움이 끊이질 않았다. 이쪽에서 싸움이 나서 중재하러 가면 저쪽에서 싸움이 나고, 저쪽을 말리고 돌아오면 또 다른 쪽에서 싸우고 있었다. 이상하리만큼 온종일 싸움이 반복되는 상황에서 나는 차분함을 유지하며 화해시키려 노력했다. "우리 조금만 더 배려해요.", "상대방을 존중하는 말로 이야기해보아요." 최대한 좋게 좋게 얘기하면서 지친 내 감정은 드러내지 않으려 했다.

그러다 연속으로 열 번째 싸움이 발발했을 때 결국 나는 폭발했다. 인내심은 체력에서 나온다고 했던가. 기진맥진하니까 인내심도 바닥나서 이제 아이들이 싸워도 전혀 관여하고 싶지 않았다. 포기하고 싶은 마음에 나도 모르게 자리에 털썩 주저앉았다. 순간 교실 분위기가 조용해지면서 아이들이 일제히 나를 쳐다봤다.

나는 푸념하듯 아이들에게 물어보았다.

"여러분, 오늘따라 싸움이 너무 잦지 않나요? 어떻게 생각해요?"

그러자 아이들이 너도나도 고개를 끄덕이며 대답했다.

"맞아요. 오늘따라 좀 심한 것 같아요."

아이들이 상황을 객관적으로 인식한 것만으로도 절반 이상의 성공이라 생각하며 솔직한 내 속마음을 털어놓았다.

"이제 선생님은 여러분의 싸움을 중재해줄 힘이 없어요. 끊이지 않는 싸움에 너무 지쳤거든요. 선생님의 유일한 소원이 뭔지 알아요? 여러분이 사이좋게 잘 지내는 거예요. 그게 잘 안되니까 슬프네요."

침통한 표정으로 이렇게 말하니까 순식간에 교실이 미안함과 반성의 빛으로 가득해졌다. 아이들은 서로 흘깃흘깃 쳐다보며 내 눈치를 봤다. 쥐 죽은 듯한 침묵 속에서 한 아이가 다 기어드는 목소리로 말했다.

"선생님 죄송합니다."

그러자 봇물 터지듯 여기저기서 아이들이 한마디씩 거들기 시작했다.

"선생님, 저도 죄송해요."

"이제부터 싸우지 말자."

"선생님, 많이 힘드셨죠?"

연이은 싸움으로 살벌하던 교실 분위기가 극적으로 반전되는 순간이었다. 그저 내 감정을 솔직하고 담담하게 말했을 뿐인데 아이들이 스스로 반성의 기미가 역력해진 것이 놀라웠다. 그날부터 아이들을 훈육할 때는 우선 마음을 가라앉힌 뒤 차분하게 내 생각을 풀어서 얘기해야겠다고 마음먹었다. 그러면 늘 신기하게도 아이들은 내 심정을 헤아려주고, 완벽하지는 않아도 교사가 부탁한 바를 들어주기 위해 노력했다. 가끔은 편지에 이렇게 써줄 때도 있다.

'선생님, 화나실 때도 다정하게 말씀해주셔서 감사해요.'

요즘 많이 힘들어요?

이렇게 교사로서 하얀 거짓말과 솔직함의 적절한 균형점을 찾기 시작한 건 신규교사 때 만났던 모 부장님 덕분이기도 하다. '칼 한 자루도 쓰기 나름이다.'라고 했던가. 솔직함도 하얀 거짓말도 상황에 맞춰서 할 때 효과가 있는데 교직 생활 초기에는 한쪽으로 너무 치우쳐버렸던 때가 있었다. 그저 '아이들한테는 솔직하게 다가가는 게 제일이야'라고 단순하게 판단하고선 언어 사용에 적당한 필터를 끼우지 못했다.

교사로서 어떠한 언어 전략을 사용할지 진지한 고민이 선행됐어야 했는데 당시에는 하루하루 버티는 것에 급급했던 것 같다. 그날도 아침부터 "잠을 못 자서 피곤하다."라는 말로 하루를 열고, "오늘 힘들었네요."라고 말하며 하루를 마무리한 날이었다. 아이들을 하교시키고 잠시 앉아 한숨 돌리고 있는데 "똑똑" 부장님께서 노크하시며 교실에 들어오셨다. 부장님께서는 우리 반 교실을 한번 쓱 둘러보시더니 내게 나지막이 물어보셨다.

"선생님, 요즘 많이 힘들어요?"

부장님의 갑작스러운 질문에 조금 당황했지만 이내 어떤 의도로 그렇게 물어보시는 건지 궁금해졌다.

"아니요, 괜찮아요! 어떤 일 때문에 그러세요?"

부장님께서는 조심스럽게 말을 꺼내셨다.

"아이들은 선생님이 쓰는 언어의 영향을 많이 받아요. 복도를 지나다니다가 선생님이 아이들한테 말하는 걸 몇 번 들었는데, 조금만 더 긍정적인 언어를 써보는 건 어때요?"

그 말을 듣는 순간 누군가가 망치로 내 머리를 꽝 내려치는 느낌이 들었다. 교실에서 무심코 부정적인 말을 자주 하던 일이 후회되고, 아이들에게 미안한 마음도 들었다. 동시에 아무리 후배 교사라고 할지라도 선뜻 충고하기 어려우셨을 텐데 실수를 일깨워주신 부장님께 진심으로 감사했다.

"부장님 조언해주셔서 감사해요. 앞으로 언어 사용에 좀 더 신경을 써볼게요."

부장님께서는 내가 아직 신규라 교사가 쓰는 언어의 위력을 모를 수 있다고 하시면서 앞으로 자신이 원하는 바를 언어로 표현하는 습관을 길러보라고 하셨다. 예를 들면, 따뜻한 학급 분위기를 만들고 싶으면 교사부터 따뜻한 말을 많이 해보는 식이다. 그 이후로 나는 의식적으로 교실에서 내 언어 습관을 바꾸기 시작했다. 아이들에게서 어떤 반응을 도

출해내고 싶은지 생각하며 단어 하나도 신경 써서 고르고 골랐다.

"오늘은 유독 활기찬 느낌이 드네요. 기분 좋게 하루를 시작할 수 있겠어요."

아침부터 비가 오고 먹구름이 껴 어둑어둑했던 어느 날, 아이들을 향해 처음으로 내가 건넨 인사말이었다.

교사의 카리스마에 달린 교실의 운명

무슨 짓이야! 그러면 안 돼!

"요즘은 반에 아이들 몇 명 없지?"

주변 사람들이 가끔 나한테 이렇게 물어볼 때가 있다. 뉴스에서 출생률 감소로 인해 학생 수가 급감한다고 하니 궁금해서 물어보는 것 같다. 내 경우에는 아직 직접적으로 피부에 와닿는 내용은 아니다. 지금껏 내가 근무했던 학교들은 다른 학교와 비교해 학생 수가 월등히 많았기 때문이다. 그러나 갈수록 줄어드는 임용고시 TO를 보면 학생 수가 줄고 있다는 사실을 간접적으로 느낄 수 있다.

"옛날엔 한 반에 60~80명씩 있었는데 요즘엔 아이들이 줄어서 가르치기 훨씬 수월하겠다!"

가끔은 이렇게 말하는 사람도 있다. 물론 한 반당 학생 수가 옛날보다 줄어든 것은 사실이니까 단순히 숫자로만 바라본다면 그렇게 생각할 수도 있을 것이다. 다만 그들이 간과하고 있는 사실이 하나 있다. 그것은 바로 '예전과 지금의 학교 현장은 상당히 다르다'라는 사실이다.

지금의 학교는 예전보다 교사가 신경 쓰고 조심해야 할 부분이 더 많아졌다. 학교 현장에서 아이들을 제어할 방법도 거의 없어져서 교사 개인의 카리스마와 역량으로 교실을 이끌어가고 있고, 체벌은커녕 아이들에게 주의를 주는 것조차 조심해야 하는 실정이다. 아이들을 향해 큰 소리로 말만 해도 아동학대로 신고당할 수 있기 때문이다. 만약 한 아이가 주변 아이들에게 지속적인 피해를 줘서 교사가 큰 목소리로 "무슨 짓이야! 그러면 안 돼!"라고 소리친 경우, 그 말을 들은 아이가 위협감을 느꼈다면 아동학대가 될 수 있다.

아동학대는 아동에 대한 신체적, 정신적 폭력을 모두 포함하는 개념이며 아동이 겁을 먹었는지 등의 정성적인 부분도 아동학대 여부를 판단하는 데 기준으로 쓰인다. 그러다 보니 교사는 학교에서 문제를 일으키는 아이들을 제어할 수단이 거의 없어졌다. 손들고 있게 하는 것, 교실 뒤에 서 있게 하는 것, 수업 중 피해를 주는 아이를 분리하기 위해 책상을 따로 떼어 혼자 앉아있게 하는 것 등 모든 행위가 아이에게 모욕감을 느끼게 했다면 아동학대가 될 수 있다.

교사로서 할 수 있는 유일한 훈육 행위는 '아이가 수치심을 느끼지 않도록 다른 아이들이 없는 조용한 장소로 데려가 부드러운 어조로 친절하게 타이르는 것'이다. 그런데 여기에는 몇 가지 맹점이 숨어있다.

우선, 현실적으로 학교에서 사람이 없는 조용한 공간을 찾기가 쉽지 않다. 학교에는 어디에나 아이들이 존재한다. 굳이 찾아보자면 교실에서 멀리 떨어진 체육관 교구 창고 같은 곳이 있을 수 있지만, 그렇게 먼 곳까지 아이를 데리고 가려면 그동안 나머지 우리 반 아이들은 사실상 방치된다. 교사가 없는 동안 다른 아이들에게 안전상의 문제나 학교 폭력이 일어날 수 있어 우려되는 부분이다.

그렇다고 아이들을 모두 하교시키고 나서 아이를 훈육하는 것도 쉬운 일이 아니다. 훈육은 문제 상황이 일어난 그 즉시 해야 효과가 있다. 이미 상황은 종료되었는데 한참 지나 아까 있었던 일을 들추고자 하면 아이는 상황에 대해 정확히 기억하지 못하거나 교사가 하는 말을 일방적인 훈계로 느낄 수도 있다.

학습권 측면에서 바라봤을 때도 문제가 있다. 우리 학교의 쉬는 시간은 5분이다. 원래 10분이었는데 코로나 팬데믹 때 거리 두기를 한다고 5분으로 줄였다. 5분 안에 아이를 조용한 곳으로 데리고 가서 차근차근 이야기하고 다시 돌아오는 것은 현실적으로 불가능하다. 아이가 스스로 잘못을 이해하고 반성하게 하려면 교사가 천천히 행동을 되짚어주며 반성하는 마음을 유도해내야 하는데 그것을 몇 분 안에 끝낼 수 있을까.

현실적으로 타협을 한 게 교실 장면에서 문제가 일어났을 때 단호한 목소리로 "그렇게 하면 안 돼."라고 말하며 상황을 종료시키는 것이다. 대부분은 이렇게만 말해줘도 자기 행동이 잘못되었다는 것을 깨닫고 조심한다. 그러나 항상 모든 상황에는 예외가 있는 법이다. 아이가 너무 흥분한 상태거나, 자기 행동의 문제점을 자각하지 못하는 경우에는 교사가 하지 말라고 얘기해도 상황이 종료되지 않을 때가 있다.

이런 상황이 오면 피해를 받는 것은 나머지 아이들이다. 이 아이들은 학습권을 침해받을 뿐만 아니라 문제 상황을 옆에서 지켜보며 심리적으로 위축되고 스트레스를 받기도 한다. 그런데도 제대로 말도 못 하고 참는 아이들을 보면 학교에서 당연히 누려야 할 권리를 박탈당하는 것 같아 가슴이 아프다.

힘들고 상처받는 것은 담임교사도 마찬가지다. 교사도 사람이기 때문에 아이들에게 지속적인 피해를 주는 아이가 있으면 진이 빠지고 예민해진다. 문제를 일으키는 아이에게 많은 에너지를 소모하다 보면 다른 아이들에게 칭찬 한마디 해줄 여력조차 사라진다. 재미있고 유익한 학습 활동을 준비했다가도 문제를 일으키는 아이를 지도하다가 흐름이 깨지면 아무것도 못 한 채 수업 시간이 끝나버리기도 한다.

문제를 일으키는 아이가 앞으로 학교생활을 바르게 할 수 있도록 신경 써주는 것도 중요하지만, 나머지 아이들의 학습권을 어떻게 보호해줄지에 대한 고민도 필요하지 않을까. 제도적으로 교사가 아이의 문제 행동을 제어할 수 있도록 적절한 수단을 마련해주면 좋겠다.

저는 이 아이 못 가르치겠어요!

얼마 전에 이런 일이 있었다. 교과 시간이라 아이들을 모두 교과실에 보내 놓고 교실에 돌아왔는데 시간이 얼마 지나지 않아 교과 선생님으로부터 전화가 왔다. 교과 선생님께서는 다짜고짜 내게 언성을 높이시며 "당장 태화(가명) 데려가세요! 저는 이 아이 못 가르치겠어요! 저는 할 만큼 했어요!"라고 말씀하셨다. 순간 너무 당황스러웠지만, 그분이 선배 교사이기도 하고, 태화가 평소 학급에서도 문제 행동을 자주 일으키기 때문에 대충 어떤 상황인지 짐작이 갔다.

놀란 마음을 추스르고 교과 선생님께 무슨 일이냐고 여쭤봤다. 그러자 교과 선생님께서는 태화가 수업 시간에 자꾸 방해되는 행동을 하고, 선생님께서 그만하라고 하니까 말대꾸를 하며 대들어서 정상적인 수업 진행이 아예 안 된다고 호소하셨다. 그러면서 지금 교실로 태화를 올려 보낼 테니 아이 지도를 좀 해달라고 부탁하셨다.

교과 시간에 일어난 문제 상황에 대처하는 것은 교과 선생님의 몫이라고 생각하는데 갑자기 내게 아이를 보내시면서 잘 지도하라고 하시니까 불편한 감정이 들었다. 그렇지만 내색하지 않고 잘 타일러 보겠다고 말씀드리며 전화를 끊었다.

요즘에는 교사로서 아이를 제지할 수단이 거의 없다 보니 문제 상황이 일어났을 때 서로 책임을 떠넘기기가 횡행하는 것 같다. 사실 교과 선생님께서 나에게 태화를 보내셔도 내가 할 수 있는 것은 별로 없다. 조용한 교실에서 아이가 왜 그렇게 행동했는지 충분히 들어주고, 앞으로는 수업 시간에 바른 행동을 하자고 반복해서 얘기해줄 뿐이다. 다행히 태화는 나와 사이가 좋아서 부드럽게 타이르니 멋쩍게 웃으며 앞으로 잘하겠다고 약속해주었다. 그러나 비슷한 상황은 앞으로도 계속 반복될 것이다.

제발 잘 가르쳐서 올려보내

가끔 아이 훈육에 대해 굉장히 고매하게 말하는 사람들을 보면 그분들이 실제 초등학교 현장에 와서 1년만 아이들을 직접 가르쳐봤으면 좋겠다는 생각이 든다. 아이들과 촘촘한 감정적 네트워크를 형성하면서 학습 진도를 원활히 나가고, 동시에 바른 인성 교육을 하며 평화로운 교실 분위기를 유지하는 것이 일종의 예술적 경지라는 걸 직접 느껴봤으면 좋겠다. 게다가 그 과정이 절대적인 응원과 지지 속에서 진행되는 것이 아니라 관리자의 의구심과 학부모님의 눈치 아래 진행된다는 것도….

현장의 역동적인 제반 과정을 겪어보지 않은 채 이상적인 언어로 아이들의 인권과 평화로운 교실을 운운하는 것은 정말 쉽다. 얼마 전 지역 독서 모임에 참여했다가 내게 오은영 박사님의 책을 추천한 분에게 반감을 느꼈던 이유도 이 때문이었다.

내가 학급 운영에 관한 개인적인 고민을 이야기하자 그분은 올바른 교육이란 것이 뭔지에 대해 일장 연설을 하기 시작했다. 교육 쪽에 종사하지도 않는 사람이 책 몇 줄 읽고 가르치듯 말하는 것이 어찌나 얄미워 보였는지 모른다. 몇 년간 아이들 교육에 대해 고심하고 온갖 시행착오를 겪어온 내가 느끼기에 그분이 던진 훈수는 정말 얄팍했다. 내가 진정 원했던 것은 같이 고민하고 위로해주면서 감정적인 연대를 하는 것이었다.

며칠 전 학부모 공개 수업 날이 떠오른다. 교장 선생님께서는 우리 반 아이들이 수업 듣는 것을 보시고는 아이들이 참 바르고 예쁘다며 칭찬하셨다. 교장 선생님의 칭찬을 듣자 그동안 내가 아이들을 위해 노력했던 것들이 떠오르며 벅찬 감정이 들었다. 3월에는 교과 선생님께서 내게 "자기 불쌍해~ 자기는 1년 내내 저 아이들을 책임져야 하잖아. 아주 힘들겠어."라고 말씀하신 적도 있었다. 길들지 않은 야생마 같던 아이들을 인내심을 갖고 이렇게까지 성장시킨 나 자신이 기특했다.

내 눈에는 항상 예쁜 아이들이지만 가끔은 내 힘으로 고독하게 이끌어가는 이 교실이 버거워서 숨이 막힐 때가 있다. 언제까지 교사 개개인의 카리스마와 희생, 그리고 노오력으로 학급을 이끌어가야 할까?

가끔 친구들과 만나 밥을 먹다 보면 학교에 대한 푸념을 늘어놓을 때가 있다. 그러면 친구들은 내게 위로의 말을 건네기는 하지만 직접 겪는 일이 아니다 보니 실감이 나지 않는 눈치다. 나는 그럴 때마다 말한다. 지금 내가 데리고 있는 아이들이 10~15년 뒤 너희들이 다니는 직장에 신입으로 들어갈 테니 그때 직접 만나보라고 말이다. 그러면 친구들은 손사래를 치며 "야, 제발 잘 가르쳐서 올려보내. 무서워~"라고 한다.

그렇다. 교육이 무너지면 결국 시간이 흘러 사회가 무너진다. 부디 사회가 교육 현장에 대한 제도적 뒷받침을 요구하는 교사들의 외침에 귀를 기울였으면 좋겠다.

요즘 초등학생들과 잘 지내려면

계속 친하게 지내고 싶어?

우리 반 아이들은 내가 대학교에 신입생으로 입학하던 해인 2011년에 태어났다. 내가 갓 성인이 되었을 때 신생아였을 아이들과 지금 이렇게 교사와 학생의 관계로 만났다는 것이 가끔 신기하다. 우리 반 아이들을 보고 있으면 '확실히 시대가 많이 변했구나'라는 생각이 들 때도 있다. 내가 느낀 요즘 초등학생들의 특징을 정리해보면 다음과 같다.

우선, 요즘 아이들은 '자율성'을 중시한다. 스스로 어떤 행위를 해야 하는 당위가 세워져야 비로소 행동한다. 행위에 대한 근거가 합리적으로 이해되지 않으면 상당히 불편해하고 그대로 따르기를 거부하기도 한다. 윗사람이 위계를 이용해 강압적으로 무언가를 지시하면 크게 반발하는 이유도 이 때문이다. 어른이 시키면 일단 이유를 몰라도 따랐던 우리 세대와는 다른 점이다.

그래서 나는 친구 관계를 지도할 때도 최대한 아이의 자율적인 의사를 존중하려고 한다. 억지로 모두와 친하게 지내야 한다고 가르치지 않는다. 학급에서는 하루에도 몇 번씩 아이들 간에 크고 작은 갈등이 발생한다. 우리 반에는 특히 자주 싸우는 두 남자애가 있는데 이 아이들은 서로 단짝이자 동시에 앙숙이다. 상민(가명)이는 섬세하고 감성적인 반면 준호(가명)는 에너지가 넘치고 용맹하다. 상민이는 준호의 호방한 성격을 좋아하고, 준호는 상민이의 자상한 태도를 좋아한다.

다만, 두 아이에게는 치명적인 단점이 있다. 상민이는 너무 예민해서 사소한 일에도 잘 삐치고, 준호는 말을 단순하게 툭툭 내뱉는 경향이 있다. 그런 점이 서로에게는 얄밉게 보이는지 둘은 잘 지내다가도 금세 티격태격한다.

두 아이의 다툼은 얼마 전에도 일어났다. 아이들은 내게 달려와 상대방에 대한 불만을 토로했다. 나는 그런 아이들에게 "그래도 참고 다시 사이좋게 지내봐."라고 얘기하지 않았다. 그저 서로를 이해할 수 있게 한마디씩 해주었다.

먼저 상민이에게는 이렇게 말했다. "준호는 밝고 활발하지만 조금 단순한 면이 있어서 너의 섬세한 감정선을 따라가는 데 한계가 있어. 네가 작은 부분까지 모두 지적하고 따지려 들면 준호가 힘들지 않을까?"

준호에게는 "넌 상민이의 꼼꼼하고 다정한 성격이 좋겠지만 상민이에게는 예민한 부분이 있어서 너도 모르게 상민이한테 불편한 말을 할 때가 있을 거야. 그럴 때마다 상황을 되짚지 않고 적당히 넘어가려고 하면 상민이가 속상해하지 않을까?"라고 말해주었다.

내 말을 들은 아이들은 고개를 끄덕이면서 속마음을 털어놓았다. 서로에게 장점이 있는 것은 맞지만, 싫은 부분도 너무 명확해서 고민이라고 했다. 얘기를 듣고 나는 아이들에게 물어봤다.

"그래도 계속 친하게 지내고 싶니?"

친구의 단점을 참아가면서까지 억지로 친하게 지내라고 할 수는 없었다. 만약에 아이들이 내 물음에 "아니오."라고 대답한다면 서로 마음이 풀리게끔 화해는 시키겠지만 일부러 붙여놓지는 않을 작정이었다. 물리적으로 같은 공간에 있다고 해서 자신을 불편하게 만드는 상대를 계속 참고 잘 지내라고 할 권리가 내게는 없다.

그런데 아이들은 내게 확신에 찬 눈빛으로 "네! 그래도 계속 친하게 지내고 싶어요!"라고 대답했다. 친구 관계를 유지하기 위해 계속 맞춰가려고 노력하는 것이 기특해 보였다. 어느새 다시 헤헤 웃고 있는 아이들을 바라보며 이렇게 말해주었다.

"이제는 친구의 미운 부분보다 예쁜 부분에 집중해보자. 무엇보다 서로 친하게 지내고 싶어 하는 마음가짐이 너무 훌륭하네. 친구끼리 안 맞으면 언제든 멀어질 수 있지만, 지금은 잘 지내려고 노력하는 이 마음만 생각하자."

앞으로도 아이들에게 친구 관계를 지도할 때는 이런 태도를 유지하고 싶다. '같은 반'이라는 한배를 탔지만, 모두의 노 젓는 스타일이 완벽하게 일치할 수는 없다. 서로를 존중하며 '행복한 한 해 보내기'라는 하나의 목표를 향해 각자의 속도와 스타일대로 나아가면 된다.

오늘은 국이 좀 짜던데요

요즘 초등학생들의 특징 두 번째, 요즘 아이들은 무척 솔직하다. 어른과 대화할 때도 '예의'라는 명목하에 조심스럽게 얘기하기보다는 진솔함으로 무장했다. 아이들과 대화하다 보면 '이렇게까지 솔직하다니?' 하며 놀랄 때가 많다.

급식을 먹고 나서 아이들에게 "오늘 급식은 어땠어요? 맛있었죠?"라고 물어보니 한 아이가 "오늘은 국이 좀 짜던데요. 그래도 조리사분들이 정성 들여 만들어주신 거니까 잘 먹었어요."라고 대답했다. 상대가 어른이라고 해서 말을 삼간다는 느낌보다는 동등한 위치에서 '대화한다'라는 느낌이 들었다.

가끔 아이들이 내게 너무 솔직하게 말한다고 느껴지면 불편한 감정이 들기도 한다. 그럴 때는 '아이가 나를 믿고 의지하니까 저렇게 솔직할 수 있는 거야'라고 생각하며 아이가 하는 말을 최대한 있는 그대로 들어주려고 노력한다. 교사로서 아이들의 솔직한 마음을 있는 그대로 들어주려는 자세는 원활한 학급 운영을 위한 중요한 열쇠가 된다.

학급에서 갈등이 일어났을 때도 마찬가지다. 나는 아이들 간에 갈등이 생기면 일부러 엉거주춤한 태도로 끼어든다. 상황을 지레짐작하면서 이미 다 안다는 듯이 행동하지 않기 위해서다.

"왜 그래~? 무슨 일이야~?"

감정을 빼고 정말 궁금한 듯이 넌지시 물어본다. 그러면 아이들은 선생님이 혼을 내려고 다가오는 것이 아니라 진심으로 상황이 궁금해서 물어본다고 생각하는지 곧잘 대답한다.

"아니~ 이러저러해서~ 이렇게 됐어요."

아이가 상황에 대해 미주알고주알 얘기할 때는 절대로 중간에 말을 끊지 않는다. 이때 아이들이 자기 입장을 속시원하게 늘어놓는 것만으로도 흥분이 가라앉기 시작한다. 나도 아이들의 말을 곰곰이 듣다 보면 얼추 상황을 파악할 수 있다. 그다음에는 내가 이해한 것이 정말 맞는지 아이들에게 다시 물어본다. 그 과정에서 아이들의 감정이 수그러든다.

그러고 나서 최종적으로 차분하게 화해를 유도하면 아이들은 언제 그랬냐는 듯 온화한 표정으로 서로 사과한다.

"미안해."

"아니야. 나도 미안해."

만약 아이들끼리 갈등이 생겼을 때 내가 끝까지 말을 들어주지 않고 혼부터 냈다면 아이들이 입을 꾹 닫아버려서 제대로 갈등을 해결해줄 수 없었을 것이다.

학급 운영도 결국 일종의 패턴 반복이다. 허용적인 분위기를 조성한 다음 아이들이 무슨 일이 일어났을 때 교사를 찾아와 솔직하게 얘기하고, 교사는 해결을 도와주는 시스템이 형성되어야 한다. 몇 번의 반복을 통해 교실에 이런 시스템이 정착되면 아이들이 먼저 사소한 것까지 터놓고 말하기 시작한다. 교사가 자신들의 말에 귀 기울여 들어줄 것을 알기 때문이다.

아이들은 항상 선생님이 자기 얘기를 들어주기를 바란다. 설령 그것이 자기 잘못에 관한 얘기일지라도 말이다. 아이가 격분했을 때는 옆에서 억지로 풀어주려고 하기보다 우선 왜 그런지 말을 들어주면 어느새 아이는 마음이 가라앉아 차분한 모습을 보인다.

잘잘못을 가릴 때도 아이들 말부터 들어주는 것이 좋다. 아이들이 하는 얘기를 찬찬히 듣다 보면 자기가 뭘 잘못했는지 이미 스스로 알고 있다. 교사는 중립적인 자세로 일단 '물어보고', 말을 '들어주는' 것만으로도 학급에서 일어나는 여러 가지 문제를 원만히 해결할 수 있다.

누군가가 자기 말을 들어줬으면 하고 바라는 것은 어른도 다르지 않다. 나도 마음속에 뭔가 꽉 들어차서 답답할 때는 누가 옆에서 내 마음속의 얽히고설킨 실타래가 다 풀릴 때까지 들어주기를 바라곤 한다. 만약 주변에 내 말을 묵묵히 들어주는 사람이 있다면 한없이 고마울 것이다. 매일 학급에서 아이들의 말을 들어주려고 노력하다 보니 그것이 얼마나 수고스럽고 인내심이 필요한 일인지 저절로 깨닫게 되었다. 교사가 아이의 솔직함을 어여쁘게 바라봐주고, 존중해주는 태도를 잃지 않는다면 아이도 그에 대한 고마움을 오래오래 간직할 것이다.

아저씨 덕분에 제가 학대를 안 받고 있어요

요즘 초등학생들은 인권 감수성도 꽤 풍부하다. 내가 어렸을 때는 '학습권'이나 '아동의 권리' 등에 대해 잘 몰랐다. 반면 요즘은 사회 전반적으로 인권에 대한 인식이 크게 향상되었다. 학교에서도 도덕, 사회를 포함한 여러 교과서에서 인권에 대해 다룰 뿐만 아니라, 각종 매체에서도 아동 인권에 관해 다루는 경우가 많아졌다.

물론 아이들마다 인권에 대해 알고 있는 정도는 다르지만, 인권이 침해당했을 때 정당하게 자신의 권리를 주장할 수 있다는 것을 아는 아이들도 꽤 많다. 한 아이는 학교에서 싸움이 일어났을 때 '학교 폭력'으로 자신의 '인권'이 침해당했다고 분명한 용어를 사용하여 말했다. 수업 시간에 떠드는 아이들을 보며 "나의 학습권을 침해하지 말아줘."라고 말하는 아이도 보았다. 집에서 엄마에게 꾸중을 들을 때 "이건 아동학대야!"라고 소리쳐서 더 혼났다고 이야기한 아이도 있었다.

얼마 전 사회 시간에는 인권 교육을 하다가 아동 인권이 없던 시절에 대해 나는 이렇게 표현했다.

"옛날에는 아동 인권이 낮아서 어른이 길을 가다 갑자기 지나가던 어린이를 때려도 아무 말도 못 하는 경우가 많았어요."

그러자 아이들이 "요즘 같으면 가만 안 있을 텐데!"라며 주먹으로 책상을 쾅쾅 치고 분개하는 모습을 보였다.

며칠 후 사회 수행 평가 날에 인권 신장을 위해 노력하신 위인들께 감사 편지를 쓰라고 했다. 그러자 한 아이가 이렇게 편지를 썼다.

방정환 선생님 감사합니다.
선생님이 안 계셨더라면 아직도 아동 인권이 낮아서
우리는 길을 걷다 갑자기 두드려 맞았을 거예요.
아저씨 덕분에 제가 학대를 안 받고 잘 자라고 있어요.

이 편지를 읽으면서 아이가 똑똑하고 귀여워서 한참을 웃었다. 한편으로는 내가 쓴 표현을 인상 깊게 들었다가 나중에 비슷하게 따라 쓰는 아이를 보면서 앞으론 표현에 더욱더 신경 써야겠다고 생각했다. 이 아이가 장차 커서 만들어갈 사회는 어떤 모습일까? 적어도 지금보다는 서로의 인권을 소중하게 생각해주는 사회였으면 좋겠다.

지금까지 요즘 초등학생들의 특징을 정리해보았다. 혹자는 '요즘 아이들은 참 발칙하네'라고 생각할 수도 있겠지만 은근히 장점도 많다. 그리고 아무리 시대가 변했다 하더라도 근본적으로 아이들이 귀엽고 순수한 것은 예나 지금이나 다르지 않다. 요즘 아이들의 예쁜 면만 바라보며 즐겁게 지내는 교사가 되고 싶다.

3장

흔들리는 꽃들 속에서

김민지

끈기 없는 게 아니라 용기 있는 거야

20대에 이직만 무려 다섯 번!

"너 정말 대단하다. 난 너처럼 못 해."

회사를 그만둘 때마다 친구들에게 가장 많이 들었던 말이다. 친구들과 모이면 저마다 회사 생활이 얼마나 힘든지, 얼마나 이상한 상사와 일하고 있는지를 성토하는 대회가 열린다. 그 얘기를 듣고 있노라면 우리의 삶이 냉동실의 꽁꽁 언 닭가슴살처럼 퍽퍽해 보이기만 한다.

"너도 그만둬. 누구나 가슴에 사직서 하나씩은 품고 살잖아."

"야, 너니까 그렇게 쉽게 그만두는 거야. 난 여기 관두면 갈 데가 없어."

정말 그럴까? 내 친구들은 모두 지금 다니고 있는 회사 외에는 갈 곳이 없을까? 아마 아닐 것이다. 다만 지금 일하고 있는 곳보다 좋은 조건의 회사에 들어갈 수 있다는 보장이 없을 뿐.

대학원 조교, 수술실 간호사, 산업 간호사, 간호협회 직원, 간호학과 실습 조교, 생명윤리 연구원. 24살부터 29살까지 6년 동안 내가 경험했던 직업들이다. 짧게는 4개월에서부터 평균적으로 1년을 넘기지 못하고 직업과 직장을 바꿨다. 주변 상황 때문에 어쩔 수 없이 옮겨가기도 하고, 내 의지로 하고 싶은 일을 찾아 떠나기도 했던 시간. 그 과정에서 힘들었던 일도 많았으나 되돌리고 싶을 만큼 후회가 되는 경험들은 없다. 비록 한 분야에서 깊이 있게 일을 배우지는 못했지만 잠시나마 발을 담가봄으로써 막연한 환상 대신 생생한 현실을 느껴볼 수 있었으니.

그중에서 가장 오랜 기간 일했던 곳은 대학병원 수술실이다. 2년도 아니고 1년 8개월, 이력서에 당당히 적기엔 다소 애매한 경력을 만들어 준 곳. 그래도 그나마 가장 오래 일했으니 적성에 제일 잘 맞았으려나? 단언컨대 절대 아니다. 업무에 적응하지 못하는 신입 간호사를 개인의 문제로 치부하고, 마치 패배자처럼 바라보는 주변의 시선이 두려워 그저 참고 또 참았을 뿐. 일하는 재미는 눈곱만큼도 느낄 수 없었다.

수술실은 간호사로서의 꿈을 펼치기에는 나와 너무나도 맞지 않는 곳이었다. 보호자는 물론 CCTV도 없는 곳에서 일하다 보니, 같이 일하는 선배의 언어폭력과 신체적 폭력은 관행이 된 지 오래였다. 소위 '태움'이라고 표현하는 단어가 따로 있을 정도로 직장 내 괴롭힘이 만연한 곳이 병원 말고 또 있을까. 게다가 신경외과 수술은 10시간 이상 전신

마취 상태에서 이루어지기 때문에 환자와 따뜻한 말 한마디를 주고받기 어려웠다. 학생 신분으로 실습할 때도 이 정도는 아니었는데…. 환자와 가장 가까운 곳에서 감정적인 교류를 많이 나누고 싶었던 나에게 수술실은 그 공기만큼이나 차가운 곳이었다.

그렇게 가족들에게도 친한 친구들에게도 힘들다는 얘기를 솔직하게 하지 못하고 있던 어느 일요일 저녁. 기숙사로 돌아갈 준비를 하라는 엄마의 말에 어린아이처럼 마룻바닥에 발을 구르며 엉엉 울어버리고 말았다.

"엄마, 병원 그만두면 안 될까? 나 정말 죽을 것 같아. 매일 밤 기도해. 내일 아침에 눈 뜨지 않게 해달라고. 출근하는 길에 차에 치이게 해달라고. 엄마 제발 나 좀 살려줘…."

TV 개그 프로그램을 보며 웃고 있던 가족들은 갑작스럽게 쏟아진 나의 울음과 심각한 말에 얼어붙은 듯 고요해졌다. 잠시 후 아빠가 무겁게 입을 열었다.

"그렇게 힘들면 진작 말하지 그랬니. 네가 원한다면 언제든지 그만둬도 돼."

그 말 한마디에 내 목을 조르고 있던 쇠사슬이 툭 하고, 맥없이 끊어졌다. 너무 허무해서 억울하다는 느낌마저 들었다. 이 얘기를 꺼내기까지 수없이 고민하고 망설였는데 막상 말을 하고 나니 결론이 너무나도 쉽게 나버렸기 때문이었을까. 아니면 언제 어느 상황에서든 무조건 내 편을 들어주는 가족들이 있다는 사실을 새삼 깨달았기 때문이었을까.

내면의 상처가 이토록 곪아 터질 때까지 고민했던 이유는 나에 대한 편견을 스스로 깨보고 싶었기 때문이다. 어려서부터 끈기가 없다는 말을 자주 들었고, 여러 가지 일을 시작만 하고 제대로 끝낸 적이 없었던 나였다. 그런 내가 가족들의 심한 반대를 무릅쓰고 고집스럽게 간호학과에 진학했고, 1,000시간이 넘는 실습은 물론 교직이수까지 해 가며 바쁘게 대학생활을 마쳤다. 그렇게 힘들게 얻은 간호사 면허를 가지고 부푼 가슴으로 입사한 병원과 수술실. 변덕 심한 내 성격상 그곳을 평생 직장으로 생각하지는 않았지만 적어도 5년 이상 기본기를 다지며, 간호사로서 부끄럽지 않도록 일을 배우고 싶었다. 그런데 채 2년도 되지 않아 도망치듯 그만두다니. 이번에도 어김없이 최선을 다하지 못하고 상황을 모면하려고만 한다는 생각이 병원 업무보다 나를 더 힘들게 했다.

그동안 꾹꾹 참아 왔던 이야기를 가족들에게 먼저 꺼내고 나니, 주변 사람들에게 말하는 것은 그리 어렵지 않았다. 동기들은 처음엔 부럽다는 듯 나를 바라보았지만 얼마 지나지 않아 다른 친구들도 줄줄이 사직서를 내고 병원을 떠났다. 대한간호협회 통계에 따르면, 2019년 기준 신입 간호사 10명 중 4명이 병원 근무 1년 만에 퇴사했다고 한다.

지금 생각해보면 말도 안 되는 얘기지만 병원을 그만두기 전에 계속 떠올리던 생각이 있다. '나만 없어지면 돼. 환자에게 도움이 되기는커녕 민폐만 끼치는 나 같은 건 없는 게 낫다.'

나의 실수를 바로잡기 위한 것이 아니라 존재 자체를 부정하는 듯한 선배의 폭력적인 말에 상처받을 때마다 그냥 죽고 싶다는 생각이 들었다. 수간호사 선생님조차도 선배의 말만 믿고 "너만 잘하면 된다."라고 말할 정도였으니. 바람 빠진 풍선처럼 자꾸만 쪼그라드는 내게 기운 내라며 등을 토닥여 주는 사람은 힘없는 동기들뿐이었다.

서른 살에 실업급여 받으며 임용고시 준비

좋은 대학을 졸업하고 좋은 회사에 들어가서 남들보다 많은 연봉을 받으며 일하기. 일반적으로 '남부럽지 않게' 살아가는 삶이라고 여겨지는 것이다. 이 과정에서 내가 무엇을 좋아하고 무엇을 하고 싶은지는 그리 큰 영향을 미치지 못한다. 오히려 부모나 주변의 기대에 맞춰 사회에서 인정받을 수 있는 길을 찾아 떠나는 경우가 더 흔하다.

이런 얘기를 들을 때마다 '나는 다르다고, 나는 내가 원하는 것을 잘 알고 그 길로 가고 있다.'라고 굳게 믿어왔다. 가족의 반대에도 불구하고 간호학과를 진학한 것부터 전적으로 나의 선택이었고, 병원 입사, 여러 번의 이직, 대학원 진학, 박사학위를 받은 후엔 대학교수가 되고 싶다고 생각한 것까지. 스스로 택한 '나의 꿈'이고 '하나밖에 없는 길'이라고 굳게 믿었다. 그러나 모두 착각이었다. 이것은 내가 직접 경험하고 그린 내 삶의 지도가 아니라, 다른 사람들이 대신 그려준 가짜 지도에 불과했다.

스물아홉에서 서른으로 나이를 한 살 더 먹음과 동시에 간호학 석사 학위를 받았지만, 마냥 기쁘지는 않았다. 언제까지 타인의 기준과 욕망에 나를 맞출 수는 없었다. 나는 하기 싫은 일을 억지로 오랫동안 할 수 있는 사람이 못 되었다. 나중에 후회할지언정 오늘 당장 행복해지고 싶었고, 오랜 방황 끝에 드디어 타인의 욕망이 아닌 나의 욕망에 귀 기울이게 되었다. 다른 사람들의 평가에 목말라 있던 태도를 버리고 온전히 내 안에서 들리는 소리에 집중했다. 그러자 머릿속에서 조금씩 나의 지도가 그려지기 시작했고, 내비게이션에 나만의 경로가 입력되었다.

교생실습을 위해 중학교로 향한 대학교 4학년의 봄날. 남녀공학 학교만 다녀봤던 터라 남자 중학생 특유의 비릿한 땀 냄새에 정신이 혼미했다. 학교를 한 바퀴 둘러보고 나서 1학년 4반의 임시 부담임을 맡았다. 우리 반에는 어린 나이임에도 폭력배와 얽혀 있는 현수(가명)도 있고, '학군'이 좋지 않아 거칠고 험한 아이들이 많다는 사전 정보를 얻었다. 아니나 다를까 현수는 첫 주부터 수업 중에 잠만 자다 친구들을 향해 "씨X, 닥쳐. 존X 시끄럽네!"를 외치고 교실 밖으로 나가버렸다. 담임 선생님께 말씀드리니 '걔'는 그냥 놔두라고, 3학년은 물론 고등학생 형들도 걔는 못 건드린다고 했다.

아침독서 시간에 읽을 책을 가져오지 않는 것 정도는 애교이기에 현수랑 읽을 책은 도서관에서 내가 빌려왔다. 책상에 엎드려 아무것도 하지 않겠다는 아이 옆에 슬쩍 책을 밀어 놓고 교탁 앞에 앉아 책을 읽었다. 며칠이 지나고 뭔가 싸한 느낌이 들어 앞을 보니 현수가 책을 거꾸로 든 채로 힐끔힐끔 나를 건너다보고 있었다. 풉, 웃음이 터져 나왔다. 아닌 척, 센 척하고 있었지만, 실은 관심받고 싶었구나, 사랑받고 싶었구나.

"현수야, 무슨 책을 읽고 있니?"

반 친구들이 모두 현수를 바라봤다. 얼굴이 빨개져 아무 말도 하지 못하는 아이가 귀여웠다. 그 후로 틈만 나면 현수의 이름을 한 번이라도 더 불러주려 노력했다. '나쁜 아이'라고 소문이 나서 현수를 잘 모르는 선생님조차 "야!", "너!" 혹은 더 심한 말로만 아이를 호명했기 때문이다.

꽃샘추위가 물러나고 실습이 끝날 무렵, 현수는 아침마다 다른 책을 들고 와 자리에 앉았다. 여전히 1분에 한 번씩, 아니 30초에 한 번씩 내 얼굴을 쳐다보면서. 학교를 떠나는 마지막 날에는 다 같이 울음이 터지고 말았다. 며칠 전부터 27명에게 줄 선물과 편지를 준비했는데 아이들도 저마다 정성껏 무언가를 마련한 것이다. 포장지에 싼 초코파이, 장미꽃 한 송이, 아끼는 인형까지. 용돈이 없어 새 걸로 사지 못했다고 말하며 우는 아이를 껴안아서 달래주었다. 현수도 구석에서 나와 눈을 마주쳤다. 담임 선생님은 현수가 어른이 되면 자연스레 조직폭력배의 길을 걷게 될 거라고 했지만 제발 그러지 않기를 바랐다. 나 아닌 다른 선생님이라도 현수의 곁에서 함께 걸으며 바른길로 갈 수 있도록 이끌어 주시기를.

아주 어릴 적부터 다른 사람을 도와주는 일을 하며 살고 싶었다. TV

에서 또래 아이들이 백혈병이나 원인 모를 선천성 질환으로 아파하는 모습을 보면, 슬픈 걸 넘어서 화가 났다. 왜 아무 죄도 없는 아이들이 저렇게 아파야 하나. 어떻게 하면 저 친구들을 조금이라도 도와줄 수 있나. 그런 마음으로 간호학과에 진학했다. 병원 실습만으로도 벅찬 대학생활이었지만 일생에 한 번뿐일 교생실습을 나가서 아이들과 함께하고 싶다는 생각에 방학도 포기하고 교직과정을 이수했다. 여기에 더 이상의 이유는 필요 없었다. '선생님이 되자!' 마침 다니던 회사의 계약도 끝이 나서 실업급여 수급을 신청하고 노량진으로 향했다.

익명의 나침반이 되어 줄게

대학 졸업 후 조교로 일하던 중, 혼자서 유럽 배낭여행을 떠났다. 기차나 버스에 앉아있으면 역시나 혼자 여행 중인 사람들이 옆자리에 와서 말을 거는 경우가 많았다. 대부분 30대 초반으로 각기 다른 장소에서 만났지만 신기하게도 하는 말은 모두 같았다.

"20대에는 뭐든지 해봐."

대학을 졸업하기도 전에 손에 꼽히게 좋은 직장에 취업하고, 조교를 하며 모은 돈으로 신나게 여행하던 중이었다. 진로에 대한 고민이 있다고 말한 적도 없는데 그들은 하나같이 입을 모아 뭐든 도전해보라고 말했다.

29살에 평범한 회사원이었던 J언니는 자신이 곧 30대가 된다는 사실을 받아들이기 너무 힘들어 나이를 잘 따지지 않는 외국으로 가고 싶었다고 한다. 그래서 스물아홉 겨울에 워킹홀리데이 비자를 받아 훌쩍 캐나다로 떠났고, 1년 동안 영어를 열심히 배웠다. 한국에 돌아와서는 해외 영업 분야에서 일하며 전에는 상상하지 못한 삶을 살고 있었다. 그러니 자신이 할 수 있는 일에 한계를 설정하지 말고, 하고 싶은 게 있으면 적어도 20대까지는 무엇이든 해보라고 진심 어린 조언을 해줬다.

그들이 들려준 이야기는 내 삶의 나침반이 되었다. 회사를 옮길 때마다 가슴속에 떠올라 든든해졌다. 일단 해보고 정 아니다 싶으면 되돌아오면 된다. 얼마든지 다시 시작할 수 있는 20대라는 나이가 무기처럼 느껴졌다.

그런데 더 어렸던 청소년 시절에는 이런 자신감이 전혀 없었다. 끝도 없는 터널 속에 갇힌 것 같아 숨이 막히기만 했다. 나란 인간은 도무지 잘하는 것이 하나도 없으니 잘난 친구들과 비교하면 세상을 살아갈 가치나 있는 것인지 의문스러웠던 그 시절.

세상이 아무리 변했다 해도 자아정체성을 형성하기 위해 하루하루 고민하고 힘들어하는 청소년들은 여전히 많이 있겠지. 그 아이들에게 나도 '익명의 나침반'이 되어 주고 싶었다. 어른이 되면 보건 선생님의 얼굴도 이름도 기억하지 못하겠지만 자신들을 믿고 응원해 준 한 사람이 있었다는 걸 떠올릴 수 있기를. 그리하여 겁내지 않고 용기 있게 자신만의 길을 뚜벅뚜벅 걸어갈 수 있기를 바라는 마음으로.

조금만 아프길 바라

우리 아이가 달라졌어요

정도의 차이는 있겠지만, 누구에게나 중·고등학생 시절 사춘기가 찾아오고 아픔을 통해 한 단계 성장하게 된다. 나 또한 다르지 않다. 단짝 한 명이 없어 수학여행 가는 버스 안에 나 홀로 앉기도 하고, 자존감이 바닥을 뚫고 내려가 극단적인 생각이 들 때도 있었다. 타고난 겁쟁이라 모든 생각은 머릿속에서만 벌어질 뿐이었지만.

20대에는 6년 동안 무려 여섯 회사를 옮겨 다니며 치열하게 진로 고민을 거듭했다. 그러다 문득 진짜 질풍노도의 시기를 보내고 있는 청소년들에게 그 길을 먼저 걸어간 인생 선배로서 따뜻한 위로를 건네며 살아가고 싶다는 생각이 들었다. 잠시라도 입시와 학업 스트레스에서 벗어나 오롯이 나 자신에 대해 생각해보는 시간을 가질 수 있도록.

그런 마음으로 임용시험을 준비하게 되었고, 2차 면접을 준비하던 어느 날. 하나의 질문을 받고 머리가 띵해졌다.

"요즘 학생들 사이에서 '자해'가 하나의 놀이, 혹은 유행으로 번지고 있는데 보건교사로서 어떻게 대처할 건가요?"

순간 자해라는 단어가 생생하게 와 닿지 않아 인스타그램(SNS)에 검색해 보았다. 붉은 피와 선명한 칼자국. 지금은 그런 게시물을 올리는 것이 불가능해졌지만 5년 전만 하더라도 선혈이 낭자한 사진이 수두룩했다. 도저히 실제라고 믿어지지 않아 물감으로 만든 가짜 상처가 아닐까 애써 외면해 버렸을 정도였다.

하지만 교사가 되고 불과 한 달 만에 보건실에서 마주한 현실은 더 절망스러웠다. 양쪽 팔은 물론이고 가장 연약한 허벅지 안쪽에까지 수백 번의 칼자국을 낸 아이. 끓는 물에 손가락을 담가 피부가 모두 벗겨진 아이. 수업 시간을 견디지 못해 책상 아래로 손을 넣어 손톱으로 살을 파낸 아이까지. 우울증으로 약을 먹는 건 놀라운 일도 아니다. 학교폭력 피해로 수면제 없이는 잠을 조금도 자지 못하거나 부모의 자살을 목격하여 트라우마에 시달리는 등 위기 학생들을 숱하게 만났다. 아이들은 그저 장난으로 자해를 하는 것이 아니라 제발 자신을 살려달라고 온몸으로 신호를 보내는 중이었다.

그런데 이런 위급 상황이 내게는 너무나도 낯설게 느껴진다. 내가 학생이었던 시절에도 이런 일이 흔히 일어났던가? 물론 정신과와 우울증에 대한 인식이 점차 변하고 있고, 약물을 복용하는 사람이 많아졌다고는 하지만 단지 그 이유 때문만은 아닐 것이다.

우리 아이들이 달라졌다. 언제부터? 왜? 무엇이? 나도 잘 모르겠다. 질문을 던져 놓고 잘 모르겠다니 어이없겠지만 진심이다. 요즘 아이들은 학교에 다니는 것도 살아가는 것도 왜 이리 힘든 것인지, 도대체 무엇이 아이들을 이렇게 만들었는지 한참을 고민하게 된다.

교사가 아닌 친구들에게 보건실에 학생들이 얼마나 많이 오는지를 얘기하면 다들 무척이나 놀란다. 자신들은 초, 중, 고를 다니면서 보건실에 갔던 기억이 딱히 나지 않는다며. 요즘 아이들은 참을성이 없어 조금만 아파도 보건실에 가는 것 같다며. 공부하기 싫어서 꾀병을 부리는 게 아니냐며.

하지만 꾀병이든 아니든 중요한 건 그게 아니다. 하루에도 몇 번씩 보건실을 찾아오는 아이들이 너무 많다는 게 문제다. 이 아이들을 다시 달라지게 하고 싶다. 쉬는 시간마다 갈 곳을 잃고 보건실 주변을 맴도는 것이 아니라 교실에서, 복도에서, 운동장에서 웃음소리가 넘쳐나도록.

'너무' 친절한 보건교사

"안녕하세요. 감사합니다. 안녕히 계세요."

보건실에서 응급처치를 받으면 '당연히' 해야 할 인사말이라고 생각했다. 하지만 노크하거나 인사를 하며 들어오는 학생은 가물에 콩 나듯 한다. 이때마다 꼰대 마인드가 발동한다.

"똑똑. 노크하고 들어오세요."

노크하는 그림과 문구를 붙여놓았다. 이럴 수가. 아무 소용이 없다. 아픈 아이가 침대에 누워 안정을 취하고 있는데 문을 부술 듯이 시끄러운 소리를 내며 또 다른 아이가 들어온다.

보건교사가 된 첫해에는 기본적인 인사조차 하지 않는 학생에게 화가 나기도 하고, 학교에서 예의를 제대로 배우지 못하면 어쩌나 하는 걱정도 많이 되었다. 어느 선생님은 학생이 인사를 하지 않고 교무실에 들어오면 다시 나가서 예의를 지키도록 가르친다는 말씀도 하셨다. 나도 교사로서 생활지도를 위해 좀 더 신경을 써야 하나 고민이 되었는데 시간이 지날수록 나의 역할이 무엇인지 명확해져 갔다.

한 아이가 인사는커녕 눈도 제대로 마주치지 못하고 쭈뼛거리며 보건실 문을 열고 들어온다. 손톱을 심하게 물어뜯는 아이다. 이제는 그 버릇을 고치고 싶다며 반창고를 달라고 한다. 선생님이 감아 줄 테니 손을 내밀라고 하면 머쓱한 얼굴로 자기가 직접 하겠단다. 손톱을 하도 물어뜯어서 이상한 모양으로 변형된 지 오래다. 피도 나고 제법 아파 보이는데도 아이는 익숙한 듯 밴드를 휘휘 감고 교실로 향한다.

또 한 명의 아이가 들어오자마자 무작정 커다란 밴드를 달라고 한다. 상처가 얼마나 큰지 직접 봐야 밴드를 줄 수 있다고 하자 말없이 손목을 내민다. 헉하고 비명이 나오려는 걸 억지로 삼켜보지만 나도 모르게 눈살이 찌푸려진다. 커터칼로 반복해서 자해한 흔적. 종이에 손끝만 살짝 베여도 너무 아프다며 보건실을 찾아오는 아이들인데 이 지경이 될 때까지 아프지 않았냐고, 어떻게 참았냐고 물었다. 아이는 자기도 이렇게 됐는지 몰랐다고 한다. 피가 나는지, 상처가 얼마나 깊은지 전혀 느끼지 못했다고. 그저 그렇게라도 하지 않으면 정말 죽을 것 같아 칼에 손을 댔고, 정신을 차려보니 이미 수십 개의 상처가 생긴 후였다고 말이다.

아이들이 느끼는 마음의 고통은 신체의 고통과는 차원이 다르다. 얼마나 힘들었으면 자해라는 극단적인 방법 외에는 이 아이를 고통에서 꺼낼 해결책이 없었던 건지 도저히 헤아릴 수가 없다.

"배가 아파요. 머리가 깨질 것 같아요."

몸에서 보내는 이상 신호는 표현하기도 알아채기도 쉽다. 그러나 마음에서 보내는 신호는 그렇지 않다. 아주 다양한 형태로 나타난다. 어른들은 아이가 보내는 신호를 쉽게 알아듣지 못한다. 온몸 이곳저곳에 자주 통증을 호소하는 아이를 그저 꾀병으로 치부해 버린다.

매년 3월은 교사라면 누구나 무척 바쁘지만 고등학교 보건교사에게는 더욱 긴장되는 시기다. 대학 입시를 위해 교육과정이 촘촘하게 짜인 고등학교에 입학한 1학년 학생들이 스스로 감당하기 힘든 스트레스를 겪기 때문이다. 공부 잘하는 형제자매와 비교하여 압박받는 나머지 수학 시간에만 공황발작을 일으키는 아이. 친한 친구들과 떨어져 원치 않는 학교에 배정되어 소속감을 느끼지 못하고 쉬는 시간마다 보건실을 찾는 아이. 모두 새 학기 단골손님들이다.

"선생님, 다음 시간 또 체육시간이에요. 가기 싫은데 담임 선생님한테 제가 아프다고 해주시면 안 돼요?"

이렇게 묻는 지원이도 친구와의 관계에서 어려움을 겪는 아이였다.

"지원아, 오늘은 무슨 일로 보건실에 왔니?"

"우와 선생님~ 제 이름 알아요? 어떻게 알았어요?"

"너 어제도 보건실에 왔었잖아. 선생님이 네 이름을 왜 모르겠니?"

나뭇가지에 연둣빛 새싹이 돋아나던 봄날이었다. 이름을 불러주자 두 눈을 동그랗게 뜨며 신기해하던 아이. 지원이는 고등학생이 되었음에도 또래보다 키와 몸집이 매우 작았다. 머리도 짧게 자르고 다녀 얼핏 보면 초등학교 남학생처럼 보이기도 했다.

지원이는 그날부터 거의 매일 보건실을 찾아왔다. 하루에 한두 번 올 때도 있었고 심한 날에는 대여섯 번을 다녀갔다. 학기 초에 해야 하는 온갖 계획 수립과 수업 준비로 너무나도 바빴지만 무심히 돌려보낼 수가 없었다. 올 때마다 머리부터 발끝까지 구석구석이 아프다며 통증을 호소했으니.

처음엔 아이가 왜 그러는지를 잘 몰라 증상에 따라 약을 투약하느라 바빴다. 그게 내 얘기를 좀 들어달라는 뜻이라는 걸 알아차리는 데에는 시간이 필요했다.

보건실 단골손님들의 몸짓언어(증상)를 이해하기 위해서는 문진 방법을 바꿔야 했다. 머리가 아프다는 말엔 어젯밤엔 잠을 잘 잤는지를 묻고, 배가 아프다는 말엔 아침은 먹고 왔는지를 물으며 일상에 귀를 기울이기 시작했다. 아이는 언제 아프다고 했냐는 듯이 신나서 조잘조잘 이야기를 쉼 없이 풀어냈다. 그래도 아이가 느끼는 통증은 거짓이 아니기에 비타민이나 유산균을 신비의 명약인 것처럼 한 알씩 쥐어주며 얼른 낫길 바란다는 말도 덧붙였다.

어느덧 시간이 지나고 중간고사 무렵이 되었을 때 지원이가 친구와 함께 보건실에 나타났다.

"선생님, 예진이가 농구공에 맞아서 손가락이 아프대요. 얼른 치료해 주세요!"

몸집이 작아 걱정스러운 아이였는데 동아리 활동으로 농구반에 들어가 열심히 농구를 배우고 있었고, 예진이는 동아리에서 사귄 친구였다. 그날 지원이는 손이 아픈 친구 대신 보건실 방문일지에 친구의 이름과 아픈 곳을 적어주고, 이곳저곳을 신나게 안내했다. 보건쌤이랑 친하다며 자랑스레 말하는 지원이의 얼굴은 그 어느 때보다 밝게 빛나고 있었다.

시간이 더 흘렀다. 지원이는 2학년이 된 후에는 보건실을 거의 찾지 않았다. 어쩌다 급식실에서 만나 아는 체를 해도 예전만큼 반가워하지도 않았다. 그래도 괜찮다. 보건실에 올 필요가 없을 만큼 마음이 많이 자랐구나 싶어 미소가 지어진다.

전교생 500여 명의 학교에서 보건실에 방문하는 아이들은 하루에 50명쯤 된다. 10분의 1 정도가 매일 보건실에 오는 셈인데, 친한 교사들은 아이들이 보건실에 너무 자주 오는 것 같다고 한다. 일회용 밴드 하나조차 직접 감아주고 '너무' 친절해서 그런 거니, 아이들에게 '너무' 잘해주지 말라고. 그래봤자 고마워할 줄도 모른다고. 물론 나를 염려해서 한 소리겠지만 그 소리가 '너무' 듣기 싫다.

아이들의 상처에 밴드를 붙여주고 붕대를 감아주는 것은 고맙다는 소리를 듣기 위해서가 아니다. 손을 잡고 밴드를 감아주고, 무릎을 꿇고 다리의 상처를 찬찬히 들여다보는 것에는 이유가 있다. 스킨십을 통해 잠시나마 안정감을 얻고, 누군가가 나에게 관심과 사랑을 주고 있다는 것을 느끼게 해주고 싶었다. 어깨를 활짝 펴고 당당히 세상을 걸어 나갈 힘을 얻길 바라는 마음이다.

보건실에 아이들이 오지 않는다면 내 몸은 편하겠지만 집에서도 교실에서도 머무를 수 없는 아이들은 갈 곳을 잃고 이리저리 헤매겠지. 그런 아이들을 위해 보건실 문은 언제나 항상 활짝 열려 있다. 내가 할 일은 인사성 없는 아이들에게 잔소리하기에 앞서 무슨 일 있냐고, 어디가 아프냐고 조용히 다가가 안부를 묻는 것이 아닐까.

점심시간은 없습니다만

교사의 근무 시간은 점심시간을 포함하여 1일 8시간이다. 그 이유는 급식지도 및 학생 생활지도를 위함이라고 〈교육공무원 인사실무 매뉴얼〉에 명시되어 있다. 점심시간이 근무 시간에 포함된다니 누군가는 참 부럽다고 하겠지만 현실은 그야말로 전쟁이다.

대부분의 교사는 점심시간에도 이런저런 업무로 바쁘고, 비교과교사는 특히나 더 자리를 비울 수가 없다. 학교에서 마음 편히 있을 공간을 찾지 못한 아이들은 점심을 거른 채 보건실, 도서관, 위클래스(상담실)의 삼각지대를 매일 오가기 때문이다.

4교시에 수업이 있는 날에는 종이 치자마자 달려왔음에도 보건실 문 앞에 쭈그리고 앉아있는 아이를 마주치기 일쑤다. 친구가 없는 아이에겐 무상급식도 아무 소용이 없다. 돈이 없어서 밥을 못 먹는 게 아니니까. 아침도 거르고, 점심조차 먹지 못한 아이는 배가 고프다 못해 속이 울렁거리고 머리가 아프다고 한다. 혈당이 매우 떨어져 있으니 너무나도 당연한 현상이다. 처음엔 급식에 나온 젤리나 과자 등을 먹지 않고 챙겨 와 나눠주기도 했는데 내 몫으로 나온 1인분으로는 턱없이 부족했다. 교감 선생님께 말씀드려 학생 상담비를 지원받아 간식을 구비해놓긴 했지만, 돌도 씹어 먹을 나이에 초코파이 하나를 허겁지겁 먹어 치우는 아이를 볼 때마다 늘 마음이 아프다.

소아당뇨로 점심 먹기 전에 인슐린 자가 주사를 매일 해야 하는 학생이 있을 때는 더욱 신경이 쓰인다. 친구들과 함께 급식실로 이동하지 못하고 혼자 빠져나와 보건실 한구석에서 인슐린을 투약하고 돌아서는 아이. 그 뒷모습을 볼 때면 나까지 기운이 쭉 빠져버린다. 혈당조절이 잘 안 되면 의식을 잃고 쓰러지는 초응급 상황이 벌어질 수 있으므로 잠시 화장실을 갈 때도 보건실 문을 잠그지 않는 습관도 생겼다.

하지만 나도 사람인지라 점심시간엔 밥을 먹어야 한다! 한국인은 '밥심'으로 산다지 않나. 밥 먹고 힘내서 아이들을 돌봐야 하는데 언제 응급상황이 생길지 몰라 보건실을 비우는 1분 1초가 불안하다. 교사들은 일과시간에는 교문 밖으로 한 발짝도 나갈 수 없기에 학교에서 허락한 유일한 공간은 운동장이다. 점심시간이 되면 삼삼오오 모여 운동장이나 학교 건물을 뱅글뱅글 맴돈다. 그러나 이 짧은 여유마저도 나에겐 사치다. 산책은커녕 밥 먹는 시간조차 넉넉히 주어지지 않는다.

특히나 1학기 중간고사가 끝나고 체육대회를 앞둔 날씨 좋은 초여름은 초대박 성수기다. 종목별 예선을 치르느라 소문난 맛집처럼 대기 손님들이 보건실 앞에 길게 늘어서기 때문이다. 피구왕 통키의 후손에게 맞아 손가락이 골절된 아이, 닭싸움하다 운동장의 모래가 살에 콕콕 박힌 아이, 강당에서 농구를 하다 넘어져 2도 화상을 입은 아이 등등. 다친 부위도 증상도 다양하게 여기저기서 보건쌤을 불러댄다.

응급상황의 정도에 따라 우선순위를 정해 한 명씩 처치해 주고 겨우 짬을 내 급식실로 달려가 보지만 이미 상황 종료. 맛있는 반찬이 똑 떨어진 것은 물론이고 아예 식판과 수저가 치워져 있는 날도 부지기수다. 놀다가 늦은 것도 아니고 아이들을 정성껏 돌보다 밥도 먹지 못한 날에는 그야말로 엉엉 울고 싶어진다. 나도 우리 집에선 귀한 자식인데, 딸이 점심도 못 먹고 정신없이 일한다는 걸 우리 엄마는 알까?

마음 약한 소리를 마구 하고 싶지만 학교에서는 내가 아이들에게 엄마 같은 존재가 되어야겠지. 점심시간은 없지만 다치거나 아프면 나만 찾는 병아리 같은 아이들이 있으니 오늘도 힘을 낸다. 그래도 얘들아~ 점심시간에 너무 발랄하게 뛰어다니진 말고 조금만 조심해서 놀자!

보건교사, 코로나19를 만나다

스페인에서 주문한 손소독제

겨울방학을 절반쯤 보내고 졸업식을 위해 잠시 개학했을 때다. 발바닥에 불 난 것처럼 폴짝폴짝 뛰어다닌 하루. '우한 폐렴' 혹은 '신종 코로나바이러스 감염증'이라고 불리던 생소한 질병 때문이었다. 허둥지둥 전 교직원과 학생에게 중국에 다녀온 적이 있는지 전수조사하고, 가정통신문을 만들고, 방역물품을 점검했다. 그러나 우리는 무기 없이 전쟁터에 나간 무방비 상태의 시민과 다름없었다. 학교에 있는 마스크는 황사용 마스크 400개가 전부였고, 시설을 닦을 수 있는 소독제는 전무했다. 눈물이 또르르 흐르려던 찰나. 침대 밑에서 영롱한 자태의 구세주가 등장했다. '알코올 손소독제'. 메르스를 겪으며 전임 선생님이 무려 5년 전에 사 놓은 유물을 발굴한 것이다. 제조일이 많이 지났지만 개봉하지 않아 괜찮을 거라 애써 흐린 눈을 해야 했지만.

방학을 지나며 마스크와 체온계의 가격이 이미 몇 배나 뛰어오른 상태였다. 학기 말이라 학교에 마련된 예산이 충분치 않을뿐더러 어렵게 주문한 것마저도 줄줄이 취소당하기 일쑤였다. 그렇게 아무것도 준비되지 않은 상태에서 졸업식도 형태를 바꿔야만 했다. 강당이 아닌 각자의 교실에서, 온 가족의 축하 대신 최소한의 인원만 참석한 채로 조용하게. 고등학교를 졸업하고 더 큰 세상으로 나가는 아이들을 품에 안아주며 축하와 격려를 보내고 싶었지만 그럴 수 없었다. 혹여 보건교사인 내가 아프면 큰일이니 마스크를 쓰고 멀찍이 서서 그저 눈인사만 전하는 수밖에.

게다가 그날은 스페인으로 긴 여행을 떠나는 날이었다. 인천공항으로 향하는 지하철 안에서 불길한 예감이 들었다. '올해는 3월 2일에 개학하지 못할 것 같다.'

"왜 슬픈 예감은 틀린 적이 없나~♬"

혹시나 했는데 역시나였다. 아시아에만 있던 확진자가 전 세계로 퍼져나갔고, 우리나라도 비상이 걸렸다. 남은 예산을 탈탈 털어 주문한 방역물품은 '상품 준비' 단계에서 움직일 기미가 안 보였다. 그렇다고 가만히 있을 수만은 없지 않나. 보건 선생님들과의 대화방에서 얻은 정보로 어떻게든 마스크와 소독제를 마련해야만 했다. 하지만 내가 있던 곳은 유럽, 스페인이었다. 한국과의 시차 8시간. 교육행·재정 시스템인 K-에듀파인 접속 불가. 사면초가였다.

이 중요한 시기에 보건교사가 유럽 여행이라니. 한국을 떠나 아무것도 할 수 없는 상황에 놓였다는 현실이 아득하기만 했다. 그 누구도 예상치 못한 팬데믹이라지만 파도처럼 밀려드는 자괴감은 어쩔 수가 없어 새벽마다 잠에서 깨 쇼핑몰을 검색했다. 그러다 주문할 수 있는 방역 물품이 보이면 일단 지르고 봤다. 공식적인 절차인 '품의'를 할 수 없었기에 사비를 들여 구매하고, 부모님 댁으로 배송시키기를 반복. 애써 구한 물품이 도둑맞을까 봐 가족들에게 택배함을 잘 지켜보라고 신신당부했다. 동기 선생님들은 한국에 있는 자신도 아무것도 구하지 못했으니, 이왕 간 걸 어쩌겠냐며 여행 잘 마치고 오라 했다. 위로의 이야기지만 한마디도 가슴에 와닿지 않았다.

네이버 공문의 시대

봄이 오면 바이러스가 잠잠해질 거란 많은 사람들의 기대와는 달리 상황은 하루하루 더 나빠져만 갔다. 교육감은 개학 연기를 검토하겠다고 발표했고, 교사들은 이를 인터넷으로 알게 되었다. 코로나19를 겪으면서 내내 지속되었던 원칙 없는 '네이버 공문의 시대'가 비로소 열렸다.

법정 수업일수 단축이나 3월 개학 연기에 대해서는 소문만 무성할 뿐 교육부에서 공식적인 공문은 전혀 '내려오지' 않고 있었다. 그러던 중 개학을 일주일가량 앞두고 '전국 유초중고 개학 연기'라는 제목의 네이버 공문이 또 도착했다. 방학이라는 사정이 있다 해도 전국의 모든 학교가 일제히 개학을 연기하는 초유의 사태였다. 이걸 겨우 일주일 전에, 인터넷 기사를 통해 접하게 되다니 말문이 막혔다. 하지만 일선의 교사들은 불만의 소리를 낼 여유조차 없었다. 교육청에서부터 각 시도교육청과 교육지원청을 거쳐 '단위학교'의 방역체계를 구축하는 데만 정신을 집중해야 했다.

임용된 지 1년이 채 되지 않은 나와 내 동기들은 오로지 서로가 서로의 등불이었다. 밤늦은 시간까지 방역계획을 수립하고, 정보와 자료를 주고받았다. 주말도 예외는 아니었다. 개학을 이틀 앞둔 토요일 저녁에 날아온 긴급 문자 한 통.

마스크를 500매 이상 보유한 학교에서는 돌봄교실용 10일분을 제외한 전량을 교육지원청으로 제출하라.

이게 무슨 날벼락 같은 소리인가. 가격폭등과 사재기로 힘겹게 구한 마스크를 내놓으라니. 게다가 중·고등학교는 돌봄교실이 없으니 비축분도 없이 전량을 그대로 '뺏기게' 되는 상황이었다. 관내 보건교사 단톡

방에서는 벌써 수거차량이 학교마다 돌고 있다거나 가짜뉴스이니 속지 말라는 얘기까지 출처 없는 소식들로 혼란스러움만 가득했다.

보건교사들은 이 상황에 분통이 터졌다. 개학을 코앞에 두고 있는데 마스크를 왜 제출하라고 하는 것인지, 모인 마스크는 누가 사용하게 되는지 한마디 설명도 없었다. 이때만큼은 네이버 공문조차 작동하지 않았다. 검색창에 관련 내용을 검색해 보아도 빈 화면만 나타났다.

이대로 가만히 집에 앉아있을 수가 없어 급히 학교로 향했다. 교장, 교감 선생님께 연락하여 상황을 전하고, 결국 마스크 300개를 제출하기로 결정했다. 그 사이 시간은 저녁 9시를 넘겼고, 교육청과는 연락이 닿지 않아 마스크를 가방에 넣은 채 집으로 돌아와야만 했다.

그날 밤 11시가 넘어서 교육감으로부터 편지가 도착했다. 대구경북 지역에서 겪고 있는 어려움을 나누기 위해 긴급히 마스크를 수거하려 했다는 내용이었다. 그제야 이 상황이 이해가 되면서 마스크를 어디엔가 숨기고 내놓지 않고 싶었던 나 자신이 부끄러워 얼굴이 붉어졌다.

그러나 동시에 의문도 들었다. 이 사건이 자신이 근무하는 학교만 안전하게 지키기 위한 교사들의 이기심으로 인해 비롯된 일인가? 어쩌면 그동안 관료제라는 이름으로 폭력적으로 하달된 각종 행정 절차와 업무에 지친 교사들에게서 터져 나온 방어기제는 아닐까 하는 의문.

코로나 시대에 우리는 교육부에서 결정한 내용을 네이버 공문(뉴스)으로 제일 먼저 접하고, 며칠 후 교육청의 세부지침(교육부의 원본과 어디가 다른지 나노단위로 분석해야 하는)을 공문으로 받고, 학교의 상황과 학교장의 '자율'에 따라 지침을 충실히 이행해 왔다. 조선시대도 아니고 초등학생도 스마트폰을 가지고 다니는 요즘 시대에 공문이 오지 않아 가정통신문을 발송하지 못하고, 수업계획과 평가계획을 세우지 못해 발을 동동 구르는 아이러니라니. 애타게 기다리던 공문이 내려와도 호떡 뒤집듯 하루가 멀다 하고 지침이 뒤바뀌곤 해서 '그냥 일하지 말고 가만히 있을까'라는 생각도 들었다. 전교생의 3분의 2를 등교하도록 했다가 며칠 만에 3분의 1만 등교하도록 했다가 전면 원격수업으로 전환했다가를 무한반복. 오죽하면 우스갯소리로 인터넷에 떠도는 '교사 시무 10조'에 제일 처음 나오는 조항이 '학교 일은 빨리하지 마라'일 정도였다.

코로나 팬데믹이 몇 년째 지속되고 있고, 나날이 변이되는 바이러스로 인해 언제 종식될지 알 수 없어진 지도 오래다. 전문가들은 머지않아 새로운 감염병이 또 찾아올 것이라고 경고한다. 신종플루에서부터 코로나에 이르기까지 이제는 교육 당국도 노하우가 많이 쌓였을 것이다. 더 이상 일주일짜리 네이버 공문이 아닌 교육부의 중장기적인 비전과 계획을 함께 공유할 수 있기를 간절히 바라본다.

단 하루도 아플 시간은 없습니다만

"우리 보건쌤은 아프지 않아서 다행이야. 다른 학교 보건쌤은 병이 나서 학교가 난리가 났대. 건강 잘 챙겨."

급식을 먹고 보건실로 돌아가다 마주친 선생님이 해주신 말이다. 좋은 뜻으로 한 말이겠지. 머리로는 이해한다. 하지만 가슴으로는 아니다. 1년 동안 약속이나 외부 활동을 최소로 하고, 밥도 잘 챙겨 먹으며 건강관리를 열심히 했다. 코로나에 걸릴까, 몸살이라도 날까 노심초사했다. 내가 없으면 매일 아침 현관 앞에서 발열검사는 누가 하며, 방역요원들은 누가 관리하냔 말이다. 보건교사 혼자 다 할 수 없는 일인데도 엄청난 책임을 등에 짊어지고 있었다.

"선생님은 학교에 한 명밖에 없는 의료인이고 전문가잖아요. 선생님이 이 상황을 진두지휘해야죠."

교장 선생님이 하신 말씀이 귓가에 콕 박혔다.

정말로 나는 2020년 한 해 동안 단 하루도 몸이 아프지 않았다. 대신 마음이 아팠다. 누구와도 짐을 나눌 수 없다는 생각에 속이 상했다. 고등학교의 등교 시간은 오전 8시. 열화상카메라를 켜고, 손소독제, 건강상태 자가진단용 태블릿PC 등을 준비하여 아이들을 맞이하려면 7시쯤엔 출근해야 한다. 다른 교사들은 조를 나눠 1~2주에 한 번씩만 했던 일을 나는 매일 하루도 빠짐없이 해냈다.

체력적으로만 힘이 드는 거라면 보약을 먹어서라도 해결하면 된다. 그런데 마음이 너무 외로웠다. 망망대해를 지도도 없이 표류하는 배의 선장이 된 기분이었다.

여름이 다가오던 5월 말이었다. 고3 학생들이 가장 먼저 개학했고, 발열이나 인후통 등 의심 증상이 생기면 '119구급차'에 태워 선별진료소로 보내라는 지침이 내려왔다. 첫 번째 유증상자가 '일시적관찰실'로 왔다. 매뉴얼에 따라 신고하고 구급대원을 기다렸다. 뉴스에서만 보던 보호구 레벨D로 완전무장한 구급대원이 눈앞에 나타나 학생을 이송했다.

그 순간 다짐했다. 교육부의 방역지침을 '전부' 따르지는 않겠다고. 확진자도 병원으로 이송할 인력과 장비가 부족해 집에서 대기 중 사망하던 시기였다. 학생을 직접 문진하고 상태에 따라 적절한 조치를 취하는 건 바로 나였다. 컴퓨터 앞에 앉아 어느 학교에 체온계와 마스크가 몇 개고, 유증상자가 몇 명인지 '숫자'로만 일하는 '윗사람'들이 아니라.

우리 학교에는 아침마다 체온이 37.5도를 넘는 학생이 있었다. 고막으로도 재보고, 이마로도 재봤지만, 어김없이 체온계에 빨간불이 들어왔다. 발열 외엔 아무런 증상이 없어 고개를 갸웃하며 집으로 돌아가던 아이가 일주일쯤 지나자 울 것 같은 표정이 되었다. 나도 답답해 미칠 지경이었다. 동네 병원을 전전한 끝에 대학병원까지 가서야 의사 소견을 받을 수 있었다.

"기초체온이 정상 범주보다 다소 높아 체온이 37.5도를 넘더라도 등교할 수 있겠음."

그놈의 37.5도가 뭔지, 도대체 누가 정한 기준인지 원망스럽기만 했다. 누가 봐도 학교에 있기 싫어 머리가 아프다며 꾀를 부리는 아이는 조용히 집으로 보냈다. 밖에 돌아다니지 않고 곧장 집으로 가기로, 내일은 씩씩하게 등교하기로 손가락 걸고 약속한 후에.

물론 불안하기도 했다. 혹여나 확진자를 놓쳐 지역사회로 감염병이 퍼져나가면 어쩌나 고민도 되었다. 하지만 고사 기간에는 더욱 철저히 관리하고, 상황에 따라 유동적으로 조절하면서 나만의 매뉴얼을 만들어 나갔다. 그 해 우리 학교에서는 확진자가 단 한 명도 발생하지 않아 참 다행이었다.

섬처럼 외로운 내게 '방역 인력'은 위안이자 부담이었다. 모집 공고, 채용 및 면접, 계약서 작성, 안전보건교육, 근태관리, 급여명세서 지급까지 온갖 행정적인 업무 때문에 본연의 업무가 마비되었다. '나를 도와주는 사람들'이니 이 정도는 당연히 감수해야 하는 것 아니냐는 얘기도 비수가 되어 꽂혔다. 바이러스가 전파되지 않도록 학교 이곳저곳을 소독하고, 방역물품을 배부하고, 발열검사를 하는 것이 '나를 위한 일'이었나. 나는 나 자신을 위해서 이런 일들을 하고 있는 거였나. 이런 소리를 들을 바에는 그냥 방역 인력 없이 나 혼자 손에 걸레 들고 온종일 학교를 소독하며 돌아다니고 싶었다.

아침마다 전교생과 교직원의 체온을 재고, 건강상태 자가진단 앱을 통해 유증상자를 조사하고, 그 결과를 교육청에 보고하고, 틈틈이 보건실에 찾아오는 아이를 돌보고, 그중에 심상치 않은 아이는 보호자에게 연락하여 선별진료소로 보내고, 점심시간 급식실 앞에서 한 번 더 체온을 재고, "2m 거리두기 해라.", "마스크 써라." 생활지도를 하고, 방역 인력과 오늘 하루 있었던 일에 관해 얘기를 나누면 하루가 지나간다. 아무리 열심히 해도 크게 티나지 않는 일들이지만 하나만 건너뛰어도 방역체계는 쉽게 무너질 수 있다. 그 피해는 고스란히 아이들에게 돌아간다. 나를 위해서가 아니라, 아이들을 위해서 해야 하는 일이다.

코로나 팬데믹 전에는 친구 같은 선생님이 되기 위해 노력했다. 보건실은 아프지 않더라도 잠시 놀러 와 쉬고 가는 공간이길 바랐다. 알록달록하게 단장하고 푹신한 침대와 이불도 새로 샀지만 무용지물이었다. 혹시 모를 일을 막기 위해 마음 편히 아이들을 누일 수 없었다. 코스크, 턱스크를 하는 학생들에게 엄한 표정을 짓고 잔소리했다. 자가진단 앱에서 등교중지가 나왔는데도 학교에 오면 혼을 냈다. 괴물 같은 바이러스로부터 아이들을 지키기 위해서는 내가 악당이 되는 수밖에 없었다.

2020년 그해. 참으로 치열하게 싸웠다. 마음은 너덜너덜해졌지만 몸은 아플 여유조차 없었다. 언제 끝날지 모르는 지난한 시간이었지만 그래도 잘 이겨냈다 싶다. 포기하고 싶은 순간도, 내가 왜 보건교사가 되었나 뒤돌아보게 되는 순간도 있었지만. 나 자신에게 그리고 전국의 모든 교사들에게 박수를 쳐주고 싶다. 수고했어, 올해도.

보건교사 김민지, 담임교사 김민지

보건교사와 담임교사의 입시 준비

나는 간호사 면허증과 교사 자격증을 모두 가지고 있는 5년 차 보건교사이자 12년 차 간호사이다. 비교과교사란 유·초·중·고교에서 교과 이외의 영역을 담당하는 교사로 '보건, 전문 상담, 영양, 사서 교사'가 이에 해당한다. 이들은 대개 한 학교에 한 명씩 배치되지만 내가 일하고 있는 학교에는 보건교사만 3명이 근무하고 있다.

전교생이 150명 남짓인 학교에 보건교사가 이렇게 많은 이유가 뭘까? 그 이유는 바로 내가 서울의 공립학교에서 교과교사이자 담임을 맡는 유일한 보건교사이기 때문이다. 우리 학교는 '각종학교'로 분류되는 곳으로, 정규학교에서 교육할 수 없는 특수한 내용을 교육하는 직업학교다. 내가 속해 있는 '보건간호과'는 고3 학생들이 이론과 실습 교육을 통해 간호조무사 자격을 취득할 수 있도록 교육과정을 운영한다. 여기에서 '인체 구조와 기능', '기초 간호 임상 실무' 등 다소 생소한 이름의 전문교과를 가르치고 있다.

학교에 단 한 명밖에 없는 의료인이자 교사로 보낸 2년과 고3 담임을 맡아 대학 진학과 취업을 도왔던 2년의 시간. 공존하기 힘든 귀한 경험이다. 당연하겠지만 입시 지도 방법에도 차이가 크다.

보건교사로 있을 때는 보건 동아리, 독서토론, 고3 면접 준비가 중심이었다. 간호학과 등 의학 계열은 원래도 인기가 많았지만, 코로나를 겪으면서 더욱 관심이 집중되었다. 알베르 카뮈의 소설 《페스트》로 독서토론을 진행하자 신청자가 파도처럼 밀려들었다.

사서 선생님께 지도교사로 참여해줄 수 있겠냐는 제안을 처음 받았을 때는 눈이 동그랗게 떠졌다. 국어 교사도 아니고 인문학 계열도 아닌 내가 감히 독서토론 지도를 한다고? 책 읽기가 취미이긴 하지만 좋아하는 것과 잘하는 것은 별개가 아니던가! 그래도 한번 용기를 내보기로 했다.

교사가 주도적으로 토론을 이끌어야 한다는 생각은 오만이었다. 아이들은 눈치 보지 않고 손을 번쩍 들며 말했다. 확진자 동선 공개에 대해, 격리자를 향한 혐오에 대해, 공익과 개인정보보호의 우선순위에 대해. 원격수업으로 학교를 오지 못하는 동안에 저마다 깊이 고민한 결과물을 내놓았다. 개인의 행복이 침해되지 않는 선에서 팬데믹의 전파를 막기 위해 모두가 조금씩 희생하고 양보해야 한다는 의견이 많았다. 아직 어린 학생들로만 여겼는데 의젓하고 믿음직스러웠다. 생각해보니, 우려와는 달리 방역 수칙을 가장 잘 지키는 건 학생들이었다. 쉬는 시간에도 마스크를 벗지 않고, 개인 물병을 가지고 다니고, 아침마다 체온을 재고, 건강상태 자가진단에 빠짐없이 응답했다. 선생님의 지도에 따르지 않고 장난을 칠 거라는 생각은 아이를 미숙한 존재로만 바라보는 어른의 시선이었을 뿐이다. 말로는 학교에 매일 안 와서 좋다고는 하지만 하루라도 빨리 코로나 팬데믹 전으로 돌아가고 싶어 하는 마음이 눈에 보였다.

보이지 않는 곳에서 묵묵히 애쓰고 있는 사람들의 노고에 대해서도 느끼는 바가 컸다. 의료인이 되었을 때 또 다른 감염병 위기가 찾아오면 어떨 것 같냐고 묻자 비장함마저 감돌았다. 무더운 여름에도 겹겹이 방호복을 입은 채 선별진료소에서 일하고, 마스크에 콧등이 짓눌려 '반창고 투혼'을 보여주던 의료인의 모습에 눈물이 핑 돌았다는 아이. 부모님이나 가족 중에도 '코로나 영웅'이 있어 본받고 싶다는 아이까지. 직업을 그저 돈벌이 수단으로만 여기는 것이 아니라 일을 통해 가치 있는 사람이 되고 싶다는 의지가 전해졌다.

등교를 제대로 한 날보다 하지 못한 날이 더 많아 독서토론의 효과에 의문을 가지기도 했지만 괜한 걱정이었다. 집에서 책을 읽고 스스로 생각하는 힘을 키우는 시간을 보낸 아이들은 반짝반짝 빛이 났다. 둘러앉아 얘기 나누던 시간이 그저 생활기록부 한 면을 채우는 도구가 아니라 인생의 진로를 결정하는 데 있어 길잡이가 되었기를 바란다.

인공지능 시대와 AI 면접

11월, 불어오는 바람에 옷깃을 여미게 되는 계절. 차가워진 공기에 수능이 얼마 남지 않았다는 사실이 새삼 떠오른다. 맑고 쾌청한 하늘을 보며 체험학습을 나가고 싶지만 우리 반 아이들은 그 유명한 '대한민국 고3'이다. 여기에 더 이상의 설명이 필요할까. 수능 날에 하늘 위의 비행기도, 도로 위의 자동차도 멈추게 하는 나라니.

고3 담임을 맡게 되니 하나부터 열까지 신경 쓸 것이 너무 많다. 대학에 내가 가는 건지 아이들이 가는 건지 헷갈릴 지경이다. 입시지도에서도 끝판왕이라 할 수 있는 것은 바로 면접 준비다. 코로나를 겪으며 학교에서 대면활동이 많이 줄어서인지 사람들 앞에서 말하기를 어려워하는 학생들이 참 많다. 맨 처음 자기소개를 시켰을 때 "안녕하세요."만 얘기해도 절반의 성공이다. 그래도 우리 학교에는 열심히 공부한 만큼 끝판왕을 깰 수 있는 비장의 아이템이 두 가지나 있다.

첫 번째는 지원 동기다. 보통은 고3 때까지도 크게 하고 싶은 일이 없다가 '성적에 맞춰서', '그냥' 학과를 정하는 경우가 많다. 하지만 생기부에 적힌 화려한 내용보다도 가장 중요한 것은 '학과에 진학하고 싶은 이유'다. 아이들은 직업교육을 받으면서 또래와 비교해 진로가 매우 뚜렷해진다. 간호사, 치위생사, 물리치료사, 응급구조사 등등. 어릴 때부터 태권도나 유도 등 운동을 많이 해서 병원에 자주 갔던 아이. 어머니가 간호사여서 가족의 조언에 따르려는 아이. 어려운 집안 형편에 취직 잘되고 안정적인 직업을 갖고 싶은 아이까지. 저마다 다양한 사연을 안고 우리 반에 모인다. 아이가 솔직하게 자신의 얘기를 꺼내고 그걸 잘 다듬도록 돕는 것이 나의 역할이다. 스스로 내면을 들여다보고 고민하는 시간을 갖다 보면 한 명 한 명이 주인공이 되는 순간이 온다.

두 번째는 학업 계획이다. 우리 학교 교육과정은 1년이라는 짧은 시간이지만 대학교 1, 2학년 못지않은 수준이라고 할 수 있다. 일반적인 인문계 학생들은 대학에 가기 전에 전공과 관련된 경험을 하는 것이 쉽지 않지만 우리 아이들은 다르다. 기초 해부학에 대한 지식부터 혈압 측정, 관장, 위관영양, 기도 흡인 등의 실습까지 두루두루 겸비한 상태다. 다른 학생은 생전 처음 듣는 의학용어가 이미 친숙한 상태니 말 그대로 '개이득'이다. 이것을 바탕으로 동아리나 봉사활동 등의 학업계획을 세우면 교수님들도 기특하다 여기겠지.

인공지능 시대가 대학 입시에도 영향을 미쳤다. 이름하여 AI 면접. 이게 도대체 뭐람? 면접관 대신 로봇이 앞에 앉아 질문을 하는 건가? 채팅봇과 함께 채팅으로 면접을 보나? 생소한 단어에 긴장하며 검색창에

'AI 면접'을 입력하고 찾아보니 생각보다 별것 없다. 화면에 면접 질문이 나타나면 잠시 대답할 시간을 갖고 녹화 버튼을 눌러 답변한 후 제출하면 된다. 괜히 쫄았다. 담임은 80년대 말에 태어나 대학에 가서야 스마트폰을 만져봤다는 걸 숨길 수가 없다.

AI 면접은 답변 내용뿐만 아니라 표정, 몸짓, 자세 등 비언어적인 표현까지 데이터로 분석하여 객관성을 높이기 위한 방법이다. 들어주는 사람 없이 모니터 앞에 앉아 혼자 떠들어야 한다니 아무래도 좀 어색하겠다. 아니, 이건 나만 그런가 보다. 아이들은 교실 앞에서 얘기해보라 하면 얼굴이 빨개지고 머릿속은 새하얘진다. 맞다. 얘네는 유튜브를 보며 개인 방송에 익숙해진 세대지. 아무도 없는 방에서 모의 면접을 해보니 감을 잡았다며 자신감을 보인다.

대학마다 약간의 차이는 있지만 대체적으로 자기소개, 전공적합성, 성향 파악, 상황 대처 등에 대해 묻는다. 비슷한 질문과 대화를 통해 면접생의 진실성과 인성을 파악하는 것이 관건이다. 정답이 정해져 있는 것이 아니라 솔직하고 일관되게 답변하는 것이 무엇보다 중요하다. 다른 직업도 모두 그렇겠지만 의료인에게는 윤리가 더욱 강조되기 때문이다. 면접관에게 잘 보이기 위해 '좋아 보이는 답변'만 선택하지 않도록 주의를 준다. 단기간에 암기해서 되는 일이 아니기에 예상 문제도 만들어 질문한다.

"병원 실습 중에 친구가 환자의 혈압을 재지도 않고 거짓말로 보고한다면 어떻게 할 건가요?"

"자신과 의견이 다른 동료가 있다면 갈등을 어떻게 해결할 건가요?"

면접 본 다음 날. 열심히 준비한 예상 질문을 하나도 물어보지 않았다며 아이들은 속상해한다. 그러나 나는 아이들을 믿는다. 질문에 답하려 이런저런 고민을 하는 사이에 자신이 어떤 성향인지, 어떤 능력을 가졌는지 스스로 깨닫게 되었을 것이다. 지원한 학교에서 탐나는 인재라고 여기도록 자신감 뿜뿜, 매력 발산을 맘껏 하고 왔으리라 믿어 의심치 않는다.

아무런 준비 없이 하루아침에 담임이 되었지만, 몸으로 부딪쳐 가며 여기까지 왔다. 우리 반 아이들은 모두 원하는 학과로 진학이 결정되었다. 졸업생들도 가끔 찾아와 고3 때 배운 것 덕분에 시험을 잘 봤다고 자랑하고 간다. 매년 이리저리 바뀌는 입시 전형을 따라잡고 AI 면접까지 마스터하다니. 이 정도면 나름대로 잘하고 있는 거겠지? 인공지능 시대가 뭔지 아직도 잘 모르겠는 '라떼는' 선생님이지만 앞으로 다가올 미래도 악으로 깡으로 부딪혀 보련다.

보건교사와 담임교사의 수능 준비

2023학년도 수학능력시험일. 여느 때 같으면 새벽같이 일어났을, 아니 혹시라도 일찍 일어나지 못할까 봐 뜬눈으로 밤을 새우다시피 했을 그날. 카페에서 여유롭게 잉글리시 머핀을 먹고 출근했다. 별다른 사유가 없는 한 고등학교 교사들은 모두 수능 감독에 차출되는데 이게 무슨 일일까.

우리 학교는 직업교육 과정을 원활히 운영하기 위해 수능 날에도 어김없이 정규 수업을 진행한다. 일부 학과 학생들은 학교에서 자격증 시험을 치렀고, 우리 반 아이들은 수능 시험을 치르러 새벽부터 나섰다. 고로 나는 9시 50분까지만 출근하면 되는 자유의 몸!

동기들은 모두 수능 시험장 방역 준비로 고생스러울 것을 생각하니 조금 미안해지지만 나도 작년까지는 매년 수능 감독하느라 정말 힘들었다. 2019년 교직 첫해에는 멋모르고 허둥대느라 바빴고, 2020년에는 전례 없는 코로나 때문에 시험 한 달 전부터 온갖 방역물품을 준비하느라 영혼이 털렸고, 2021년에는 제2외국어까지 치르는 거대학교로 배정되어 2, 3, 4, 5교시를 통째로 감독해야 했던 슬픈 과거가 있단 말이다.

그중에서도 코로나 첫해의 수능 준비 과정은 잊을 수가 없다. 때는 바야흐로 2020년 11월. 수능 시험장에 필요한 방역물품을 구비하라는 공문이 왔다. 코로나로 개학이 연기되면서 수능 시험도 무려 12월에 치르게 되었던 그해. 우리 학교에서 시험을 치르는 수험생은 모두 453명이고, 감독관도 100여 명에 이르렀다. 그래도 다른 학교에 비해서는 규모가 작은 편이다. 수험생이 1,000명이 넘는 학교는 감독관도 수백 명이니까. 아무튼 이 많은 사람에게 필요한 방역물품의 종류와 양이 상당했는데 교육청에서 따로 보내주는 것이 아니라 학교에서 자체적으로 준비하라는 것이 문제였다.

학교로 구매비용이 일부 지급되었다는 데도 방역물품은 보건실 예산으로 알아서 구매하라고 했다. 감독관들이 고생이 많아 그 돈으로 간식을 더 좋은 것으로 사야 한다며. 지금 같으면 그게 말이 되냐고 따졌을 것이다. 그때는 처음 겪는 일에 너무 당황스러웠고, 다행히 코로나가 길어지며 비축해 놓은 방역물품이 많아 그냥 알겠다고 해버렸다. 게다가 본부 요원 중에 방역담당관이라는 업무를 부여받은 사람이 4명이나 더 있었지만, 시험 당일에만 일하면 된다고 생각했는지 도와줄 것이 있냐고 묻는 사람은 아무도 없었다. 결국 평소 방역업무를 지원해주시던 도우미분과 둘이 30개가 넘는 방역물품 꾸러미를 만들기 시작했다.

비말차단마스크, KF-94 마스크, 손소독제, 비닐장갑, 라텍스 장갑, 환경 소독제(책상, 의자 등 소독용), 소독 티슈 등등. 종류도 다양하지만, 기준도 까다로웠다. 비닐장갑을 준비하라고 해 놓고는 규격에 라텍스 장갑이라고 적혀 있지를 않나, 소독 티슈는 알코올 99.9%의 항균 티슈(1팩에 50매 이상)를 준비하라고 아주 세세하게 요구하지를 않나. 교육청은 준 것도 없으면서 뭘 맡겨 놓은 것처럼 당당하게 공문만 한 장 달랑 보냈다. 이렇게 세부 지침을 내릴 거면 차라리 물품을 일괄 구매해서 나눠 주던가. 도대체 이게 뭐 하는 짓이지?

바쁜 와중에도 강압적이고 일방적인 행정 절차에 울컥울컥 화가 솟아올랐다. 초유의 사태에 시험이 2주나 늦춰져 당황했을 수험생들을 생각하며 꾹꾹 참으며 열심히 물품을 준비하긴 했지만.

아무튼 이렇게 우여곡절 끝에 찾아온 수능시험 당일. 혹시라도 유증상자나 확진자가 섞여 있을지 몰라 열화상카메라를 설치하기 위해 새벽 6시에 학교에 도착했다. 온종일 함께 고생할 인근 중학교의 보건 선생님은 더 일찍 와서 방호복 4종으로 무장하고 계셨다. 나도 얼른 방호복을 입고 거울 앞에 서니 코로나 최전방에 선 용사가 된 기분이었다. 눈에 불을 켜고 모니터를 들여다봤지만 추워진 날씨에 열화상카메라는 자주 오작동을 나타냈다. 그때마다 직접 고막으로 체온을 다시 재면서 수험생들을 입실시키기를 반복. 내 손에 수험생들의 땀 흘린 시간이 달려 있다고 생각하니 어깨가 무거워졌다.

드디어 교문이 닫히고 1교시 국어시험 시작. 그제야 한숨 돌리고 습기 찬 방호복을 벗었다. 언제 유증상자가 생길지 몰라 긴장의 끈을 놓을 수는 없었지만. 큰 고비는 넘겼다 싶어 안도의 한숨도 흘러나왔다. 교문 밖에서는 수험생 가족들이 간절한 마음으로 무사히 시험이 끝나기를 기다리고 있겠지. 그 마음을 잘 알기에 우리도 교실 안에서 소리 없이 조용한 전쟁을 치르고 있었다.

요즘 아이,
금쪽같은 내 새끼

담임이 되면 아이들이 더 예뻐 보일 줄 알았다

신규교사로 발령받은 첫 학교에는 2명의 동기가 있었다. 비교과교사인 사서교사 1명과 영어교사 1명. 우리는 모두 비슷한 또래였는데 영어 선생님만 담임을 맡게 되었다.

어느 날 영어쌤이 자신의 반 아이와 함께 보건실에 왔다. 어두운 표정으로 여러 신체화 증상을 호소하며 보건실을 자주 찾던 아이였다. 담임 선생님 옆에서는 평소와 달리 세상 신난 모습이었다.

오늘은 아프다고 하지 않아 다행이었지만 내심 서운했다. 매일 만나는 담임 선생님과 더 친한 것은 당연하다고 애써 괜찮은 척했지만, 속이 상했다. 병아리 같은 아이들이 저렇게나 사랑을 주니 영어쌤은 좋겠다며 샘이 났다. 안 되는 걸 알면서도 만약 담임이 된다면 아이들이 얼마나 더 예뻐 보일까 상상하기도 여러 번.

맙소사. 상상이 현실이 되었다. 말도 안 되는 얘기라 생각했는데 우연히 기회가 주어졌다. 서울에 하나뿐인 학교에서 '담임을 할 수 있는 보건교사'를 구한다는 공문이 온 것. 신이 주신 기회를 놓칠 수야 없지. 톡 치면 빵 터질 것만 같이 부푼 마음을 안고 교장 선생님의 허가를 얻었다.

담임이 되고 싶어 학교를 옮긴다고 하자 친한 선생님들은 도시락 싸들고 말릴 기세였다. 다들 담임을 맡고 싶지 않아 난리인데 왜 굳이 힘든 일을 하려 하느냐고. 해도 후회, 안 해도 후회라고 했던가. 가진 건 용기뿐이기에 과감히 도전했다. 그리고 장렬히 전사했다.

교사와 학생의 궁합에 따라 조금씩 다르겠지만, 우리 반 아이들을 생각하면 '애증'이라는 단어가 떠오른다. 지각을 밥 먹듯 하고, 쓰레기를 아무 데나 버리고, 친구에게 쌍욕을 하는 모습에는 분노 게이지가 차오른다. 반면에 아픈 친구를 돌봐주고, 배고픈 친구에게 간식을 나눠주고, 선생님을 그렸다며 칠판에 그린 그림을 보면 사랑 게이지가 솟아오른다. 담임이 되기 전에 느꼈던 것은 환상에 가까웠나 보다. 가장 가까운 곳에서 지지고 볶아보니 특별할 것이 없었다. 오히려 담임보다는 심리적 거리감이 있는 보건교사에게 더 솔직하게 이야기를 털어놓는 아이들도 많았다. 공부를 잘하든 못하든, 출결이 좋든 나쁘든 간에 아프다고 하면 약을 주고 얘기를 들어주는 보건 선생님을 더 편하게 느끼기도 한다.

담임의 눈으로 보면 아이의 TMI까지 너무 많이 알고 있어서 실수할 때도 있다. 친구와 자주 싸우는 아이니, 머리가 아프다는 것이 거짓말일 거라 여기기도 했다. 나도 모르게 선입견과 편견으로 이야기를 듣지 않으려 했다. 보건교사일 때는 이러지 않았다. 직접 말하기 전까지는 알 수 있는 정보가 별로 없기에 작은 단서라도 놓치지 않기 위해 귀를 기울였다.

교사로서 아이를 아끼는 마음이 다르지는 않다. 담임은 담임대로, 보건교사는 보건교사대로 자신의 상황에 따라 아이를 바라볼 뿐이다. 양쪽 모두를 경험하고 느낀 바로는 아이들이 '더 예뻐 보인다'는 말 자체가 잘못됐다는 것. 담임을 하다 보면 사회적 거리 두기처럼 멀찍이 떨어져서 객관적으로 아이를 대하고 싶을 때도 있다. 보건교사로 있을 때면 아이를 둘러싼 세세한 환경까지 다 파악하여 도움을 주고 싶기도 하다. 하지만 두 마리 토끼를 다 잡을 수는 없는 법. 하나를 얻으면 다른 하나는 포기해야 한다. 그래도 두 입장이 모두 되어보니 담임 선생님이 왜 그랬는지, 보건 선생님은 왜 그랬는지 이해하는 마음이 커졌다. 결국 담임이 되어 더 예뻐 보이는 것은 아이들이 아니라 동료 선생님이었다.

수능 때까지 우리 아이 학교 안 보낼게요

8월의 마지막 날. 우리 반 학생 한 명이 미인정결석, 쉽게 말해 무단

결석을 했다. 아침부터 학교가 끝날 때까지 계속 전화를 걸었지만 기다리던 아이는 오지 않았다. 보호자도 일이 바빠 퇴근 후 늦은 저녁이 되어서야 통화를 할 수 있었는데 충격적인 얘기에 멍해지고 말았다. 자녀가 수능 공부를 해야 하니 학교에 가지 않도록 도와달라고 했다.

이런 말을 들으려고 연락드린 것이 아니었다. 평소에도 사흘이 멀다고 배가 아프다, 코로나에 걸린 것 같다며 학교를 잘 나오지 않는 학생이었기에 가정에서 잘 지도하여 고등학교 생활을 마무리하도록 부탁드리려 했다. 그런데 오히려 아이를 학교에 보내지 않을 테니 '알아서 잘 처리'해 달라니?

요지는 이랬다. 집에서 학교까지 왕복 2시간으로 체력 소모가 큰 데다가 학교 특성상 교육과정이 정시 준비에는 전혀 도움이 되지 않으니 학교 대신 '관리형 독서실'에 보내서 정시 준비를 하겠다는 것. 그러니 담임 선생님께서는 무단결석 대신 체험학습이나 질병결석으로 처리해 고등학교 졸업을 위한 최소한의 수업일수를 채워 무사히 졸업장을 받을 수 있도록 해달라고.

너무나 황당한 요구사항이었지만 처음 겪는 상황에 그저 알겠다고, 보호자분의 요구사항에 최대한 맞추겠다고 대답해 버리고야 말았다. 전화를 끊고 멍하니 지하철에 몸을 싣고 가다가 문득 서글픈 생각이 들었다. 나는 그저 아이들을 위한 입시 도구에 불과한 걸까? 고등학교는 대학에 가기 위해 스쳐 지나가는 발판인 걸까? 각자 원하는 분야로 진학했을 때 조금이나마 도움이 되었으면 하는 마음으로 수업과 생활지도에 쏟아부었던 노력이 모두 물거품이 된 것 같았다.

우리 학교는 강남 8학군도 아니고, 인문계 고등학교도 아니고, 직업 교육을 전문적으로 하는 곳이다. 이런 곳에서조차 수능 준비를 위해 등교하지 않겠다니 새삼 대한민국에서 대학 입시란 무엇인지 되돌아보았다. 나도 어릴 적 공부 좀 한다는 소리를 들었고, 명문으로 불리는 대학을 나왔지만 대학이 인생에서 전부가 아님은 많은 사람들이 공감할 것이다.

긴 고민 끝에 보호자께 다시 연락을 드렸다. 독서실에 다니는 것보다는 학교에 매일 등교하여 자습시간을 활용하여 공부를 하는 것이 좋겠다고. 다시 돌아올 수 없는 학창 시절인데 친구들과 함께 웃고 떠들고, 급식도 나눠 먹으며 지내는 것이 아이의 인생에도, 수능 성적에도 더 도움이 될 것 같다고.

학교에 왜 왔니?

아이들에게 물었다. 학교에 왜 왔느냐고. 질문을 받은 아이 둘은 어리둥절한 표정으로 서로를 바라보다 나의 눈치만 살폈다. 개천절 연휴를 보낸 다음 날, 아침 8시 40분 등교 시간에 맞춰 학교에 온 아이들은 딱 그 둘뿐이었다.

이성 친구와 헤어져서 학교에 가기 싫다는 얘기부터 저마다 나름의 이유를 들며 무단결석을 한 녀석들이 3명, 질병결석 1명, 질병지각 2명, 무단지각 2명까지 종류도 다양하다. 그리하여 조회시간에는 책상 주인보다 빈자리가 훨씬 더 많게 되었다. 그 광경을 보고 화를 내야 하나 어쩌나 싶었는데 문득 이상한 물음이 떠올랐다. 여기 앉아있는 두 아이는 왜 학교에 왔을까?

"학교에 가야 하니까 왔어요."

아, 너는 학교는 가야 하는 곳이라고 생각했구나. 왜 그렇게 생각했을까. '학교를 가야 한다'라고. 그럼 오늘 학교에 오지 않은 친구들은 왜 그랬을까? 왜 학교를 가지 않아도 되는 곳이라고 생각했을까?

아이는 내 질문에 더 이상 답을 하지 않았지만 난 정말로 궁금해졌다. 학교에 오지 않은 아이들이 이상한 것이 아니라 제시간에 학교를 오는 아이들이 어떤 마음으로, 어떤 생각으로 학교에 왔는지.

중고등학생 시절 우리 부모님은 몸이 아파도 학교에는 꼭 가야 한다고 하셨고, 그 덕분에 12년 개근상을 받기도 했다. 몸이 너무 아픈 날에는 조금 서럽기도 했지만 내 주변에도 비슷한 친구들만 있었기에 "아파도 학교에 가서 아파."라는 말이 이상하게 들리지는 않았다. 내가 꼰대가 되었나 싶긴 하지만 학교에 오지 않은 아이들이 답답한 것은 나도 어쩔 수가 없다.

2학기가 되면 금융위기 때의 주가처럼 출석률이 곤두박질친다. 혹시 내가 뭘 잘못하고 있나? 수시 원서 접수도 거의 다 끝났고 남은 건 합격자 발표뿐이라지만 이렇게까지 생활패턴이 무너질 수 있나 자책감이

든다.

그날은 특히 더 심한 날이었다. 1교시 수업을 해야 하는데 학생이 3명 밖에 없으니 아무것도 할 수가 없었다. 교탁 앞에 서서 번호 순서대로 아이들에게 전화를 걸기 시작했다. 1번, 4번, 6번, 7번… 아무도 전화를 받지 않았다. 아무래도 다들 잠을 자거나 일부러 전화를 받지 않는 듯했다. 쉬는 시간에 교무실로 와 보호자에게 전화를 걸었다. 무단 지각만 벌써 몇십 번인데 5분, 10분 정도 늦는 것이 아니라 점심시간이 다 되어서야 늦잠을 잤다며 나타나는 녀석이다. 전에도 몇 번 연락을 드려서인지 아예 내 전화를 받지 않으시고, 문자도 남겨봤지만 답장이 오지 않았다.

하염없이 아이들을 기다리는 사이 속이 부글부글 끓어오르기도 하고, 화를 내면 뭐하나 서로의 감정만 상할 뿐인데 하며 오늘은 그냥 넘기자고 다짐하기도 하며 오후 내내 롤러코스터를 오르내렸다. 그리고 종례시간. 오전에 보이지 않던 세 녀석이 자리에 앉아있었다. 점심시간에 등교를 한 모양이다. 그래도 학교에 오긴 왔으니 다행이다 싶었지만 일부러 인상을 쓰고 목소리를 높였다.

"학교 좀 성실히 다닐 수 없겠니? 어떻게 매일같이 지각이야! 조금 늦는 것도 아니고 점심시간에 일어난다는 게 말이 되니? 나중엔 어쩌려고 그래!"

아이들은 또 시작이라는 듯이 듣기 싫다는 티를 팍팍 내며 교실 바닥만 쳐다봤다. 사실 지각이나 결석을 하건 말건 싫은 소리 할 것도 없이 출석부에 제대로 표시만 하면 아무 문제 없다. 나도 기분 상하지 않고 스트레스받을 일도 없을 것이다. 아이들은 나를 잔소리하지 않는 수용적이고 마음 넓은 담임 선생님으로 여기며 좋아해 줄지도 모른다.

하지만 나는 팬들의 사랑을 한 몸에 받는 연예인이 되고 싶은 것이 아니다. 아이들이 사회에 나가 다른 사람들과 잘 어울리고 각자의 꿈을 이루며 살아가기 위해서는 우리 사회의 규칙을 배워야 한다. 별다른 이유가 없는 한 학교에 제시간에 등교하여 학교생활을 하는 것도 아주 중요한 교육내용이다.

교사의 잔소리가 아이들은 너무나도 듣기 싫겠지만 악역을 자처할 수밖에 없다. 담임인 내가 하지 않으면 다른 선생님들은 더 지도하기 어려울 테니. 그렇게 나는 오늘도 나쁜 선생님이 된다.

달라진 세상, 달라질 학교

서울에도 폐교되는 학교가 있다

'티오감'은 학생이 줄어듦에 따라 학교에 배정되는 교사도 줄어드는 것을 뜻하는 은어다. 올해 우리 학교 교사 정원은 35명에서 27명으로 한꺼번에 무려 8명이 줄었다. 다르게 말하면 동시에 8명이 다른 학교로 떠나거나 교사를 그만둬야 한다는 뜻이다.

학생 정원은 작년에 320명이었다. 정원은 말 그대로 정원일 뿐 1년 과정을 수료한 학생은 절반에 불과했다. 학생이 줄어드는 거야 어제오늘의 일은 아니다. 우리 학교만의 문제도 아니다. 하지만 특성화고등학교의 상황이 더욱 심각하다는 것은 중고등학교 교사라면 누구나 안다.

각종학교는 특성화고등학교로 분류되지는 않지만, 교육내용이나 특성이 매우 유사하다. 매년 가을이면 다단계 판매사원처럼 친절함과 미소를 겸비하고, 선물을 한아름 안고 '홍보'를 나가야 한다는 사실도. 목표 대상이 중학교 3학년이냐 고등학교 2학년이냐 하는 점만 다를 뿐이다. 학생을 한 명이라도 더 모집할 수 있다면 '옥장판' 팔듯이 영혼이라도 팔 기세다.

얼마 전 한 학교로 홍보를 나가서는 서글픔에 눈물이 핑 돌았다. 여느 날과 같이 홍보지와 선물을 담임 선생님 책상마다 올려놓으며 잘 부탁드린다는 인사를 드릴 때였다.

"선생님, 공립학교 교사 아닌가요?"

"네? 아 맞아요."

"근데 왜 이렇게까지 해야 해요? 이런 거 반갑지도 않고 부담스러워요. 취업에 관심 있는 학생이 있으면 저희도 열심히 안내하고 있어요. 혹시나 그 학교 가겠다는 학생 있으면 전화 드릴 테니까 더 찾아오시지 않아도 돼요."

뼈를 때리는 말이다. 하도 세게 때려서 뼈가 부러지다 못해 가루가 되어 후드득 떨어졌다. 한마디 한마디 틀린 말이 없다. 예전에는 성적이나 집안 형편 때문에 대학 진학보다 취업을 먼저 선택하는 경우가 많았지만 지금은 상황이 달라졌다. 학령인구 감소가 심해지면서 지방대학은 '벚꽃 피는 순서대로' 폐교 위기를 맞이하고 있다.

새 학기에 신입생 모집을 위한 홍보 할당량이 주어지면 한숨부터 나온다. 여긴 공부 잘하는 학교라서 우리한테 관심도 없는데. 여긴 문제가 생겨 1년 과정을 다 마치지 못하고 중간에 돌아간 학생이 많은데. 이런저런 이유로 밑줄을 긋고 나면 환하게 웃으며 찾아갈 수 있는 학교는 거의 없다. 입장을 바꿔 내가 그 학교 선생님이라도 텀블러나 가습기 따위의 선물을 받는다고 해서 기쁠 것 같지는 않다. 오히려 뭔가 대가를 받은 것 같아 마음의 짐만 생기겠지. 생계 때문에 보험왕이 돼야 하는 심정으로 최선을 다했지만 올해도 영업실적은 바닥을 찍고 말았다. 모집이 잘되지 않은 학과는 학생 정원을 절반으로 줄이거나 역사 속으로 사라질 예정이다. 한 학교에서 교사 TO 8명을 한꺼번에 줄인다는 것은 말처럼 쉽지 않다. 다른 학교에도 딱히 갈 자리가 없어 결국 몇 명의 선생님은 명예퇴직을 선택했다. 아니, 강요받았다는 말이 더 정확할지도 모르겠다.

인구가 1,000만 명이 넘는 서울에서도 폐교되는 학교가 있다. 초, 중학교는 이미 몇 해 전에 문을 닫은 학교가 있고, 성수공고와 도봉고도 통폐합을 눈앞에 두고 있다. 학령인구가 줄었다고 해서 당연한 현상이라고 생각할 수는 없다. 변화된 산업 환경에 맞춰 학교도 달라져야 한다.

대안학교 같다고? 오히려 좋아!

직업교육을 하는 각종학교는 서울에 모두 6개가 있다. 신입생 모집에 대한 압박은 다른 학교도 사정이 크게 다르지 않다. 하지만 목구멍이

포도청이라고 했던가. 어떻게든 살아남기 위해 체질 개선을 하고 있다. '퍼스널트레이너과, 미디어크리에이터과, 게임프로그래밍과, 반려동물케어&카페과.' 최근 각종학교에 새로 만들어진 학과의 명칭이다. 기존에 운영하던 교육과정을 과감히 버리고 대세로 떠오르고 있는 산업을 도입했다.

"학교에서 웨이트트레이닝 배우고, 유튜브 만들고, 게임 잘하는 방법 연구한다고? 그게 무슨 직업교육이야, 대안교육이지. 에이, 이건 좀 아니다."

다른 학교에서 도약의 계기를 만들기 위해 노력하고 있는 것에 대해 회의적인 반응을 나타내는 이들도 있다. 아무리 각종학교에서 국영수와 같은 주지교과는 전혀 가르치지 않는다지만 너무 '놀자판' 아니냐. 평생 먹고살 수 있는 기술을 가르쳐야지, 신입생 모집을 위해 아이들이 좋아하는 것만 가르치면 어떡하느냐는 의견이다.

내 생각은 다르다. 대안학교 같다니, 오히려 좋다. 솔직히 우리 학교에 오는 학생들은 직업교육에 엄청난 포부를 품었다기보다는 그저 '공부 많이 안 해도 돼서'인 경우가 많다. 출결도 좋지 않아 아침에 늦잠을 자면 하루를 통째로 결석해 버리기도 한다.

그런 아이가 학교에 조금이라도 흥미를 갖고 매일매일 등교만 잘 할 수 있어도 각종학교의 존재 이유로 충분하지 않을까. 즐겁게 학교에 다니다가 '퍼스널트레이너, 유튜버, 프로게이머, 반려동물관리사'가 되고 싶다는 꿈을 가진다면. 우리 아이들은 MZ세대를 넘어 알파세대로 가고 있다. 자신이 좋아하는 일을 직업으로 선택하고 싶어 한다. 안정성을 추구하는 교사의 방식은 조선시대에나 갖다주고, 아이의 개성에 맞춘 교육이 절실히 필요하다.

그럼에도 어른들은 걱정이 많다. 기술을 배우면 돈도 많이 벌고 얼마나 좋은데, 전공도 살리지 못할 대학에 진학하느니 하루라도 빨리 취업하는 게 낫다고 한다. 29살에 타일공으로 일하고 있는 사람도 이렇게 말한다. 지금도 늦은 건 아니지만 더 빨리 시작해도 좋았겠다고.

일리가 있는 말이지만 이런 생각도 든다. 10대, 20대의 시간이 있었기에 기술직으로 땀 흘리며 일하고 있는 지금이 더 소중하게 느껴질 거라고. 충분히 경험하고 충분히 고민했기 때문에 지금의 그 사람이 될 수 있었다고.

사라지지 않을 기술을 몸으로 터득하여 직업으로 삼는 것은 정말 멋진 일이다. 이걸 일찍 깨달아도 좋겠지만 아이들은 아직 어리다. 다 큰 것으로 보여도 속은 아기 같다. 어른들이 보기에는 철없다고 생각할지 모르겠지만, 그건 정말 '라떼는'이고, 너무 옛날얘기다. 먹고살기 빠듯하던 전후세대도 아닌데 우리 아이들에겐 충분히 고민할 시간을 주고 싶다.

20대 도배사와 타일공

"나에 대한 큰 애정 없는 사람들이 이러쿵저러쿵하는 얘기에 너무 흔들리지 않으셨으면 좋겠어요."

〈유퀴즈온더블록〉에서 MC 유재석이 한 말이다. 방송에 나온 분은 20대에 도배사가 된 배윤슬 씨. 원래 사회복지사로 일했지만, 회사에서 '누구든지 나를 대신할 수 있다'는 생각이 들어 '중요하고 가치 있는 존재'가 되고 싶어 기술직을 택했다고 한다.

가족들에게 '퇴사 계획서'를 보여주며, 퇴사하고자 마음먹은 계기, 그만두고 할 일, 새로운 일을 시작하는 방법, 도전을 위한 시간과 비용까지 구체적으로 설명했다. 공사 현장에서 일하는 것이 체력적으로 얼마나 힘든 일일까 싶지만, 그보다 더한 것은 칼날 같은 주변의 시선이었다.

"걔가 그런 일을 왜 한대?"

"그런 일 하기에 걔 좀 아깝지 않아?"

"걔 그러다 그런 일 하는 사람이랑 눈 맞아서 결혼하면 어떡해?"

도대체 '그런 일'이 뭘까? 특정 직업을 폄하하고, 편견 가득한 눈총을 보내는 사람들. 나도 한때는 '그런 소리'를 들어봤기에 숨이 턱 막혔다.

"교수랑 교사랑 같니? 열심히 공부해서 교수돼야지, 교사 같은 소리하네!"

수술실 간호사로 좀비처럼 일하면서 보건교사가 되고 싶다는 생각이 점차 강해질 때였다. '나란 존재는 커다란 기계에 속한 작디작은 나사에 불과해. 내가 나가떨어져도 누군가가 또 와서 이 자리를 메우겠지.' 삶이 무의미하게 느껴졌다. 가치 있는 사람이 되고 싶었다. 나로 인해 세상이 조금이라도 밝아지길, 선한 영향력을 전할 수 있길 바랐다.

당시에 동료로 같이 일하던 분들은 대부분 마흔이 넘은 나이에 대학원 공부를 시작했기 때문에 성공하기엔 너무 늦었다고 생각하시는 듯했다. 그러면서 너는 아직 어리니 얼른 공부를 시작해서 교수가 꼭 되어야 한다는 말씀을 자주 해주셨다.

처음엔 얼떨떨했지만 계속해서 비슷한 얘기를 듣다 보니 어느새 대학교수가 나의 목표가 되어 있었다. 여러 직장을 옮겨 다닌 것도 연구 실적과 실무경험 등의 스펙을 쌓아 교수가 되기 위한 발판이었던 셈이다. 비교적 어린 나이에 중요한 연구를 하고, 유명한 교수님들과 인맥을 쌓는 것을 행운으로 여기라는 말도 많이 들었다.

그렇게 남들이 부러워할 만한 이력을 차곡차곡 쌓아가고 있었지만, 내 안의 열정은 모르는 사이에 조금씩 사그라지고 있었다. 왜일까? 그토록 바라던 교수의 꿈에 한 발짝씩 다가가고 있는데 왜 하루하루가 더 괴롭게만 느껴질까? 답을 알 수는 없지만 억지로라도 노력하다 보면 길이 나오지 않을까 싶어 대학원에도 진학했다.

배우고 싶은 전공은 따로 있었지만, 교수가 되기 위해서는 학부 때와 마찬가지로 간호학과에 진학하는 것이 매우 유리했기 때문에 마음과는 다른 선택을 했다. 그러나 졸업 논문을 쓰면서부터 괴로움의 원인을 알게 되었다. 아니, 애써 외면하고 있었던 진실을 마주할 용기가 그때 생겨났다.

내가 정말 좋아하고 잘할 수 있는 직업은 사실 교수가 아닌 교사다. 평소에도 친구들이 어려워하는 과목은 혼자 논문을 찾아 공부한 다음에 교수님보다도 더 쉽게 설명해주는 것에 보람을 느끼곤 했다. 교생실습을 나갔을 때는 시간이 너무 빨리 지나가 버려 아쉬움에 눈물을 펑펑 쏟았다. 교사의 역량과 노력에 따라 얼마든지 학생을 좋은 방향으로 이끌 수 있다는 것을 직접 경험하고 나서 그 매력에 푹 빠져 버린 것이다.

그러나 타인의 기대에 부응하기 위해서 나의 본심은 숨겨 두고 더 높은 꿈을 꾸는 척 연기하며 몇 년을 살아왔다. 멘토로 여기던 분께 조언을 구했지만 내 생각을 존중해 줄 것이라는 예상과는 달리 더욱 쓴소리만 들었다. 교수와 교사. 비슷한 단어이고 학생들을 가르친다는 공통점은 있으나 사회적인 지위는 하늘과 땅 차이라고. 지금은 편한 길을 가고 싶겠지만 나이가 들어 생각해보면 굉장히 후회하게 될 거라고. 그러니 지금 좀 힘들더라도 노력해서 교수가 되어야 한다고.

귀담아들을 필요가 없는 말이었다.

도배사 윤슬 씨의 어머니는 인터뷰에서 이렇게 얘기했다.

"안전모를 벗어 손에 들고, 작업화를 신고, 풀이 가득 묻은 옷을 입고,

현장을 걸어 나오는 아이를 볼 때마다 이렇게 정직한 노동이 없더라고요. 땀 흘리는 만큼, 자기 실력만큼. 그다음부터는 동네방네 다 이야기하고 다닙니다. 우리 아이 도배한다고."

기술직에 대한 사회적인 시선은 여전하다. 우리 부모 세대는 건설 현장에서 일하는 것처럼 보이지 않기 위해 옷을 전부 갈아입고 퇴근한다고 한다. 요즘 청년들은 다르다. '나의 선택', '나의 행복'이 무엇보다 중요하다. 어떤 직업을 가지냐보다 어떤 태도로 살아가느냐를 먼저 생각해야 한다.

솔직히 나도 공부 외에는 잘하는 것도 없고 아는 것도 없는 사람이었다. 하지만 각종학교에 와서 우물 안 개구리 같던 시야를 넓혀나가고 있다. 걱정 없이 즐겁게 이것저것 배우고 웃을 수 있다면 대안교육인지 직업교육인지 명칭이 무슨 상관일까 싶다. 그저 잘 먹고, 잘 자고, 잘 놀다 보면 언젠가 꼭 이루고 싶은 꿈이 생기겠지. 아이들이 맘껏 꿈꿀 수 있도록 달라진 세상에 맞춰 달라질 학교를 만드는 건 우리의 몫이다.

교사라는 직업, 학교라는 무대

509,090명의 교사

2022년 10월 1일 기준 대한민국 전체 교사 수는 509,090명이다. 이 책의 공동 저자인 우리는 그중 4명의 초중고교 교사다. 우리의 이야기가 교사 집단 전체의 이야기를 대변하려는 것도 일반화하려는 것도 아니다. 학교 급별로, 가르치는 과목에 따라, 맡은 아이들의 수만큼이나 다양한 이야기가 공존한다. 그저 2, 30대 교사들이 학교 현장에서 겪고 있는 하루하루의 일상을 있는 그대로 풀어내고 싶었을 뿐이다.

20대에 이런저런 직업을 경험한 후에 교직에 들어와서 느낀 점이 있다. 교사만큼 저마다 개성이 뚜렷한 집단은 없다는 것. 무척이나 재미없게도 '교사'라는 두 글자로 묶여 있지만 개개인을 들여다보면 정말 각양각색이다.

유튜브나 인스타그램과 같은 SNS를 통해 자신의 매력을 맘껏 표현하는 교사가 있는가 하면, 아이들과도 낯을 가려 온라인수업이 더 편하다고 하는 교사도 있다. 무엇보다 이 책을 쓰고 있는 우리조차 무지개처럼 저마다 다르다. 8번째 직장에 다니고 있는 나도, 머리를 샛노랗게 탈색하는 이승희 쌤도, 사이코 선생님이 꿈인 김자영 쌤도, 꿈은 배우이자 취미는 댄스인 주연 쌤도 모두 교사다. 우리는 서로의 다른 모습을 존중하고 있는 그대로 받아들이며 친해졌다.

내가 '나다운' 모습으로 살아가고 싶은 것처럼 학생들의 자유에 대한 욕구도 최대한 존중해준다. 우리 반 아이가 크롭티를 입고 배꼽의 피어싱을 반짝이며 등교했을 때다. 교장 선생님은 학생이 아닌 내게 주의를 줬다. 학생 인권 때문에 직접 뭐라 하시진 못하고 담임이 지도하란 뜻이겠지. 딱히 잔소리하고 싶은 마음은 없었지만, 배탈이 날 수 있으니 옷을 따뜻하게 입는 게 좋겠다고만 말했다. 아이는 무슨 말인지 알아들었는지 그 후로는 한 번도 학교에 크롭티를 입고 오지 않았다. 심지어 대학에 간 이후에는 피어싱도 제거했다. 큰 소리를 내며 부딪치지 않아도 아이는 다 깨닫는다. 그저 자신의 개성을 드러내고 싶을 뿐이지 어른들을 화나게 하려고 일부러 그러는 것이 아니다.

금속 알레르기 때문에 그 흔한 귀걸이 하나 꽂지 못하는 나지만 피어싱을 주렁주렁 매달고 고름이 가득 차서 아프다는 아이에게 정성껏 약을 발라준다. 당장 피어싱을 빼고 병원에 가라고 해봤자 씨알도 안 먹히니 꼼꼼히 소독하고 소염제도 먹인다. 주말이 껴 있으면 드레싱용품을 1회분씩 소분하여 지퍼백에 담아 주기도 한다. 서클 렌즈를 끼고, 한겨울에도 살색 스타킹만 고집하고, 소풍날에 뾰족구두를 신고 절뚝거리던 어린 날의 내가 떠올라서. 담임 선생님도 우리 엄마도 나를 보며 한숨을 푹푹 내쉬었겠지만 뭐 어쩌랴. 잘만 커서 교사가 되었는걸.

다른 선생님들은 걱정스레 한마디씩 한다. 아이들이 다쳐도 병원에 가지 않고 보건실에 너무 많이 오면 어떡하느냐고. 보건실은 응급처치 하는 곳이지 병원이 아니지 않느냐고. 다 맞는 말이다. 내가 응석을 너무 받아주는 면도 있다. 심지어는 운동장에서 넘어져 피가 나는 아이에게 폭풍 호들갑을 떤다.

"악! 너무 아프겠다! 그러게 조심 좀 하지! 괜찮아? 피나잖아! 어떡해!! 샤워는 어떻게 하지?"

이렇게 난리부르스를 추면 오히려 아이가 더 멋쩍어한다. 상처가 다 나은 후에도 값비싼 흉터 치료 연고를 발라주며 애프터서비스를 해주기도 한다. 감당하기 힘들 정도로 학생 수가 많거나 보건실 예산이 부족하다면 불가능한 일이겠지만 다행히 내가 근무한 학교에서는 큰 어려움은 없었다.

생활지도를 위해 원칙에 따라 철저히 교육하는 교사도 있고, 나처럼 유하게 아이의 요구를 들어주는 교사도 있다. 정답은 없다. 각자의 가치관과 신념은 달라도 아이를 아끼는 마음만은 같은 교사다.

학교에 교사만 있는 건 아니야

학교에서 일한다고 하면 대부분은 교사를 떠올린다. 그런데 교사가 아니면서도 학교가 일터인 사람이 꽤 많다. 행정실 직원, 교육실무사, 사회복무요원, 배움터지킴이. '교원'이 아니라 '교직원'으로 시야를 넓히면 수가 훨씬 많아진다.

교사들은 일반적으로 직원들과 가까워질 만한 계기가 별로 없지만, 보건교사는 여러 구성원과 두루두루 친하게 지내는 경우가 많다. 보건실 위치 자체가 행정실이 있는 본관 1층에 있는 곳이 많고, 혼자 실을 운영하다 보니 시설주무관님의 손길도 자주 빌린다. 특수학급의 아이들은 사회복무요원과 함께 단골손님이 되고, 휴식 공간이 마땅치 않은 미화원님은 더운 여름날 종종 찾아와 말동무가 되어 주신다. 사람들은 이들을 '주무관, 공익요원, 청소여사님'으로 기억하거나 아예 그런 사람이 있는지조차 모르기도 한다. 교사가 학기 중에 아파도 쉽게 쉴 수 없는 것처럼 직원도 꼭 필요한 존재인데.

신규교사 연수에서였나, 보건실 약품을 구입할 때 '교직원용'으로 쌍화탕이나 질 좋은 파스를 구비해두면 학교생활이 좀 더 편할 거라는 얘기를 들었다. 처음엔 그 말이 납득이 잘 가지 않았다.

'잘 부탁한다고 주는 뇌물인가? 그럼 안 되지! 예산은 모두를 위해 쓰는 거잖아!'

아뿔싸. 오만한 자의 오산이었다. 개구리 올챙이 적 생각 못 한다더니. 불과 몇 년 전 산업간호사로 일할 때였다. 건강관리가 취약한 50인 미만의 소규모 사업장 근로자의 건강관리를 위하여 세워진 근로자건강센터에는 인근 학교의 급식종사자님들이 가끔 찾아오셨다. 뜨거운 불 앞에서, 무거운 조리기구와 음식을 나르며, 식기 부딪는 날카로운 소음을 들으며, 잠시 앉아 쉬지도 못하고 일하시는 분들이었다. 근무 환경이 너무나 열악했다. 팔과 다리의 화상은 일상이고, 손가락, 손목, 어깨, 허리, 무릎까지 관절 곳곳이 비명을 질러댔다. 아이들에게 건강하고 맛있는 밥을 먹이기 위해 그야말로 온몸을 내어주셨다니. '급식이' 시절에 반찬 투정하던 기억이 떠올라 쥐구멍에라도 숨고 싶었다.

급식종사자나 시설주무관이 근골격계 통증을 호소하는 것은 업무 때문에 발생한 산업재해라 볼 수 있는데 그깟 파스를 아까워하다니. 반성하는 자세로 약품 구매 사이트에 들어갔다. 뿌리는 파스, 붙이는 파스, 바르는 파스, 우리 집에서 가져온 동전파스까지. 효과가 좋아 보이는 건 죄다 샀다. 교사로 첫발을 내디딘 내게 포근한 품을 내어준 잊지 못할 분들께 아낌없이 나눠드리고 싶었다.

A선생님은 복도에서 눈만 마주쳐도 웃음 나게 하던 시설주무관님이었다. 첫 만남은 보건실 문짝을 때려 부수며 드나드는 아이들 때문이었다. 처음엔 별다른 말 없이 문고리만 교체해주고 가셨지만 머지않아 우린 절친이 되었다. 물이 줄줄 새는 개수대. 금방이라도 불이 날 것 같은 멀티탭. 도대체 왜 거기 있는지 알 수 없는 칸막이. 보건실이 너무 낡은

탓에 하루가 멀다고 주무관님을 불러댈 수밖에 없었다.

“선생님, 자꾸 그렇게 일 시킬 거면 파스라도 좀 줘요. 어깨가 너무 아파요.”

주무관님은 힘든 암 치료를 마치고 복직한 지 얼마 되지 않은 상황이었다. 그것도 모르고 맨날 무거운 물건을 날라 달라고 부탁했으니. 죄송스러운 마음에 약장에서 있는 거 없는 거 죄다 꺼내 놓았다. 당황한 주무관님의 동공에서 지진이 났지만 뭐라도 드릴 수 있음에 뿌듯해졌다.

주무관님과는 직장동료를 넘어 삼촌과 조카 같은 사이였다. 컴퓨터를 잘 다루지 못하시기에 교직원 의무연수를 몰래 이수해 드리기도 하고, 반대로 혼자 해결할 수 없는 벽에 가로막힌 나를 조용히 위로해주시기도 했다. 이해관계 없이, 조건 없이 서로를 응원하는 친구가 되는 순간이었다.

또 다른 은인인 B선생님은 육아휴직 대체로 일하던 실무사님이었다. 코로나 유증상자 현황 1일 보고, 열화상카메라와 체온계 등 각종 방역 물품 점검 및 배부, 근무조건이 제각기 다른 방역 인력 간의 이견 조율. 사전에 협의한 업무는 물론이고, 혹시나 더 도울 일이 없을까 눈을 반짝이며 항상 주위를 살피셨다. 하루도 빠짐없이 해도 뜨지 않은 새벽에 난방을 켜고, 발열검사를 준비하는 것도 대단했다. 물질적인 이유로는 도저히 할 수 없는 일이었다.

B선생님과 아침마다 전교생을 한 명 한 명 맞이하며 오늘도 무사함에 함께 안도했다. 안전한 학교를 만들어야 한다는 사명감은 보건교사인 나 못지않았다. 어쩌면 두 자녀의 엄마로서 우리 아이들이 남 같지 않아서였을지도 모르겠다.

지긋지긋한 코로나를 겪으며 우리 사이엔 전우애가 솟아났고, 서로의 인생과 가족에 대한 얘기도 가감 없이 털어놓았다. B선생님은 가족들과 외국에 오래 살았던 경험 덕분인지 활짝 열린 마음을 갖고 계셨다. 코로나가 사라지면 휴직하고 국제봉사를 가고 싶다고 하니 멋진 생각이라며 응원의 미소를 날려주셨다. 선생님도 때로 남편과 소소한 갈등이 생기면 하소연했다. 그럼 마치 변호사가 된 것처럼 사부님의 잘못을 콕콕 집어내며 선생님의 기분을 풀어드렸다. 해결책이 효과가 있었다기보단 딸뻘 되는 동료가 진지하게 고민하는 모습이 웃겼던 거겠지만.

한 학교에 한 명밖에 없는 보건교사라 이따금 외로워질 때면 어디선가 구세주 같은 이들이 나타났다. 내 편이 없다며 서럽고 억울해하면 묻지도 따지지도 않고 얘기를 들어주었다. 직종을 넘어, 나이를 넘어 든든한 동료를 얻었다.

회식비는 없습니다만, 아무튼 교사

병원에서 일할 때는 회식 때 비싼 음식을 원 없이 먹었다. 한우나 소곱창은 기본 옵션이고 5성급 호텔 스카이 바에서 수백만 원짜리 와인을 마시기도 했다. 하지만 맛있는 음식을 공짜로 먹는 기쁨이 오래가지는 않았다. 내 배를 부르게 한 음식이 모두 제약회사에서 환자의 등골을 빼 먹는 대가로 나온다는 것을 알아버렸기 때문이다.

공무원에겐 공식적으로는 회식비가 없다. 대신 협의회비라는 것이 있는데 이마저도 넉넉하지는 않다. 1인당 3만 원 이내로 수능이나 축제 따위의 큰일을 치르는 명분이 있어야만 예산을 쓸 수 있다. 소주나 맥주 등의 주류가 포함돼서는 절대 안 되는 것도 기본 상식. 그래도 불만은 없다. 열심히 일하고 떳떳하게 상식적인 수준의 밥을 먹는 게 마음이 훨씬 편하다.

노래방에서 억지로 노래를 부르지 않아도 되고, 술을 마시지 못하면 사이다를 주문해준다. 고사 기간엔 전시회 관람을 가고, 4시 반에 회식을 시작하면 9시엔 3차까지 마치고 집으로 향한다. 퇴근 후에도 기-승-전-학교 얘기다. 학생들과 똑같은 수준이 되어 열을 내는 애송이 후배에게 부장님은 무심히 고기 한 점을 싸서 건넨다. 부정적 피드백보다는 긍정적 피드백을 계속 주라는 울림 있는 조언도 잊지 않으신다. 예산 항목이 회식비가 아니라 협의회비인 이유가 여기에 있나 보다. 막걸리잔을 마주치며 나누는 대화 한 조각도 허투루 흘려보낼 수가 없다.

"간호사로 일할 때보다 지금이 훨씬 편하지 않아?"

수술실에서 일했다고 하면 다들 한마디씩 건넨다. 결론만 놓고 보자면 맞는 얘기다. 당연히 체력적으로는 훨씬 수월하다. 온종일 수술대 앞에 서서, 밥은커녕 물 한 모금 마시지 못하고 일하던 때에 비하면 지금은 양반이다. 그래도 가끔은 간호사 시절이 떠오르고, 여전히 3교대 근무를 하며 병원을 지키는 동기만큼 멋진 사람은 없다는 생각이 든다.

나도 그만두지 않고 지금껏 일했으면 어떨까 싶지만 어쨌든 난 지금 교사다. 어릴 적엔 "여자 직업으로 교사나 공무원만 한 게 없다."라는 소리가 너무너무 듣기 싫은 청개구리였다. 돌고 돌아 결국 교사가 됐는데 절대 후회하지 않는다. 6개월이 멀다고 이직하던 내가 4년 넘게 회사에 다니고 있으면 게임 끝난 거다.

학교라는 무대의 매력은 어디에서 나오는 걸까? 맞다. 학교는 작은 무대이고, 교사는 방구석 연예인쯤은 된다. 어려서부터 부끄러움은 많아도 개다리춤만큼은 기막히게 추고, 대학 방송반에서는 아나운서도 맡았던 나였다. 주목받는 걸 싫어하지 않는 정도가 아니라 즐기는 수준이다. 야심 차게 준비한 수업내용이 대박을 터트리는 날이면 밥을 먹지 않아도 배가 부르다. 아프지 않아도 선생님 보고 싶어 왔다며 젤리 하나를 내미는 모습엔 심장이 녹아내린다. 아이들에게 따뜻한 위로를 건네주고 싶어 교사가 되었다더니 순 뻥인가 보다. 졸업한 후에도 잊지 않고 찾아와 주는 제자들을 볼 때면 교사가 되길 참 잘했다며 감동이 밀려오는 걸 보면. 교사는 여느 아이돌 부럽지 않은 사랑을 먹고 산다. 공무원의 청렴의무 때문에 커피 한 잔 받을 수 없긴 해도.

공부하는 것도 '일'이라고 인정해주는 것도 큰 장점이다. 세계시민교육, 보드게임, 목공, 도예, 주짓수까지. 호기심이 많아 전공과 상관없는 연수도 다 신청한다. 본인 일이나 열심히 하라고 눈치 줄 법도 한데 아무도 뭐라고 안 한다. 오히려 에너지 넘치는 모습이 보기 좋다며 칭찬도 받는다. 교사가 경험한 모든 것들이 수업에서 교구가 되고, 교과서가 될 수 있으니 정말 멋진 일이다.

교사를 그만둘 수 없는 마지막 이유는 내가 부모님의 자랑이기 때문이다. 소위 '빅3'라 불리는 병원에서 퇴사했을 때 부모님은 내심 섭섭한 기색이셨다. 동창회에 가서 딸이 'S사' 다닌다고 꽤나 으쓱하고 다니셨을 테니 당연하다. 지금은? 그 어깨가 관자놀이쯤 가 있는 듯하다. 임용시험에 한 방에 그것도 고득점으로 합격해서 원하는 고등학교로 발령났으니까. 아무튼 교사가 됐다. 이제 정년퇴직까지 가.보.자.고.

서울시에 단1명뿐인 교사

외로운 날들이여 이제는 안녕

사회생활을 몇 년 하면서 스스로 인복이 있다고 생각했다. 최저시급 수준의 급여를 받아도, 야근을 밥 먹듯 해도 함께 일하는 동료와 마음이 맞으면 힘이 났다. 어딜 가나 간호사 선배가 한 명쯤은 있어 모르는 건 얼마든지 물어볼 수 있었다. 하지만 학교에서는 아니었다. 개개인으로는 좋은 사람들이었지만 동료들은 내 업무를 도와주지 못했다.

교감 선생님이 특별히 부탁했음에도 불구하고 전임자는 보건실 컴퓨터를 '포맷'시키고, 뭐라고 썼는지 알아보기도 힘든 '수기'로 된 메모 한 장만 달랑 남기고 떠났다. 자신에게 연락하지 말았으면 좋겠다는 말과 함께. 그를 이해 못 하는 건 아니다. 정교사가 정년퇴직한 후로 신규 발령을 내지 않고 5년째 기간제 교사만 채용한 것이 문제였다. 2월이 되도록 별다른 말이 없어 당연히 재계약이 될 거라 믿고 있었을 텐데 언질조차 주지 않은 관리자가 야속했을 것이다.

아무튼 5년 동안 정교사가 없었다는 것은 업무분장이 엉망이라는 얘기와도 같다. 거기에 신규교사의 조합까지 더해지면? 하하. 다시 떠올려도 눈물이 난다. 부장님이라도 경력 많고 강단 있는 분이라면 좋았겠지만, 그는 나보다 고작 3살 많은 말단 체육부장이었다. 기획을 맡는 계원은 업무는커녕 본인 수업에도 제때 들어가지 않는 날라리 교사였으니, 환장의 콤비였다.

백마 탄 왕자님도 수호천사도 없다. 마냥 앉아 기다려봤자 아무도 오지 않는다. 내 갈 길은 스스로 개척하는 수밖에. 그래도 수년간 대학에서 조교로 일했던 덕분에 '공문'이 뭔지, '기안'이 뭔지 하는 것 정도는 알고 있어서 다행이었다.

하지만 거기까지였다. 임상 간호사 경력만 있는 동기보다는 조금 나았지만, 나도 학교는 처음이었다. 언제든 믿고 따를 수 있는 선배가 있었으면 했다.

어느 날 우연히 내부 메일이 눈에 들어왔다.

"2분기 정책협의회에 따라 맞춤형복지 포인트가 인상됩니다."

'서울교사노조'에서 보낸 카드뉴스였다. 아, 이게 노조에서 요구하는 거구나. 가만히 있는다고 저절로 되는 게 아니구나. 누군가가 우리 모두를 위해서 애쓰고 있었구나. 한 대 맞은 것처럼 머리가 띵했다. 내 편은 아무도 없고, 도와주는 이 하나 없다고 징징거리고만 있었는데 실은 이름 모를 선배들의 든든한 '빽'이 있었던 것이다. 조별 과제에 무임 승차한 기분이 들어 뭐라도 돕고 싶어졌다. 하지만 내 이름은 '김신규'. 할 수 있는 거라곤 노조에 가입해서 한 달에 만 원씩 회비를 내는 일밖엔 없었다. 그래도 그게 어디냐. 작은 마음이지만 부디 받아주시어 좋은 일에 써 주시기를 간절히 바랐다.

그로부터 몇 달 뒤엔 '전국보건교사노조'가 창립되어 앞뒤 재지 않고 가입 원서를 냈다. 연대의 힘이 얼마나 중요한지 이제는 알았으니 무조건적인 지지를 보내고 싶었다. 교원의 노조 가입률은 아직도 16.8%에 불과하다고 한다. 공무원이나 공무직의 노조 가입률이 80%가 넘는 것에 비하면 턱없이 적다. 서울시 유초중고의 정규직 보건교사만 해도 1,200명이 넘지만 노조에 가입한 사람은 100여 명 남짓인 걸 보면 교사가 노조 활동하는 것에 대해 여전히 부정적인 시각이 많음을 절감한다.

하지만 언제까지 다른 이가 나 대신 싸워주기만을 바랄 수는 없다. 한 사람의 목소리는 약하지만 뭉치면 강해진다. 수적천석(水滴穿石). 작은 물방울이 떨어져 바위를 뚫는다고 했다. 계란으로 바위 치기라는 생각은 접어두고 곁에 있는 동료에게 손길을 내밀었다.

서울교사노조 보건교사위원회 위원장

감투 쓰는 걸 좋아하는 편은 아니다. 중고등학생 시절에 학급 회장 선거에 출마해본 적도 없고, 꼬박꼬박 월급 받는 게 좋아 공무원이 되었다. 하지만 절대 참지 못하는 것이 있다. 억울한 일, 부당한 일을 당하면 바로잡아야 직성이 풀린다. 반골은 타고난 성향이었다.

서울교사노조는 소수의 의견이라도 무시하지 않는다는 느낌이 들었다. 노조에 가입한 보건교사가 20명 남짓에 불과했지만 보건교사위원회를 만들고, 중앙집행위원 자리를 주며 작은 소리에도 귀 기울여 주었다. 감사한 마음에 작은 보탬이라도 될까 싶어 보건위원장님을 도와 총무를 하겠다고 자원했다. 똑똑하고 멋진 선배님들은 후배들의 앞날을 위해 새로 발의되는 법안을 검토하고, 수정 의견을 제시하며 가시밭길을 앞장서 헤쳐 나가는 중이셨다. 그에 비해 무지하고 경력 없는 후배는 가진 거라곤 몸뚱어리 하나밖에 없지 않은가! 빠릿빠릿한 손과 발을 맘껏 갖다 쓰시라 내맡겼다.

거창한 포부와는 달리 고작 카드뉴스 몇 개만 만들다 1년이 훌쩍 지나가 버렸다. 위원장님의 임기도 끝나버렸다. 위원장 자리에 자원하는 사람이 없어 공석이 될 뻔한 것을 전임 위원장님이 잠시 맡아주신 거였는데 개인적인 사정으로 지속하기 어려웠다. 훌륭한 수장을 잃어 안타까운 마음도 잠시. 새로운 사람이 나타나지 않는다면 나라도 나서야겠다는 생각이 들었다. 우리 얘기를 이렇게까지 들어주는 곳이 없는데 제발로 복을 걷어찰 수는 없었다.

한 달이 지나도 상황은 여전했고, 마침 김자영 쌤도 집행부 참여를 제안받았다고 해서 용기를 내 보건위원장직을 맡겠다고 선언했다. 사실 보건교사 내부에서도 견해차가 크게 갈라져 다투고 있는 부분도 있고, 학교마다 처한 상황이 달라 하나로 조율하기 힘든 부분도 많다. 현재 보건교사 직무를 수행하고 있지도 않은 내가 감히 조합원들을 아우를 수 있을까 걱정스럽기도 했다. 하지만 어디선가 근거 없는 자신감이 솟아났다. 아는 게 없으니 스펀지처럼 쭉쭉 흡수하여 배우겠다는 자세로 임하면 어떻게든 되겠지.

얼떨결에 중책을 맡게 되었지만 이왕 시작한 일에 최선을 다해보려 한다. 어렵게 교사가 되었는데 의원면직하고 다시 병원으로 돌아가는 게 낫겠다는 동료들이 없길 바라는 마음으로. 그리고 2030 젊은 교사들이 주인의식을 갖고 정당한 권리를 요구해야겠다는 의지로 3년의 임기를 꽉 채우고 싶다.

보건교사 모임에서 퇴직이 얼마 남지 않은 선생님께 들은 말이다. 보건교사라는 직업이 정말 좋고 자랑스럽다고. 그런데 젊었을 때는 그렇지 않았단다. 누가 직업이 뭐냐 물으면 그냥 '교사'라고만 대답했지 절대 '보건교사'라고 답하지 않았다고. 일반교사들 사이에서 소수의 이방인으로 살며 겪었던 수많은 어려움 때문이겠지. 하지만 긴 터널을 지나고 보니 이제는 보건교사로 살아온 나날이 참 감사하다고 웃으며 말씀하셨다.

나에게도 물어보았다. 먼 훗날 퇴직을 앞둔 나이가 되었을 때, 선생님처럼 행복한 미소를 지으며 말할 수 있겠냐고. 선뜻 대답이 나오지 않았다. 현실과 타협하여 '적당히' 열심히 일하고, '적당한' 때에 은퇴하고 싶기도 했다. 하지만 그렇게 하면 당당하게 내 직업을 사랑했노라 말하긴 어렵겠지. 언젠가는 내 직업이 정말 좋다고 말할 수 있기를. 그날이 올 때까지 우리 앞에 놓인 불합리한 장애물을 하나씩 걷어 내가며 묵묵히 내 길을 걸어가야겠다.

보건교사가 학교에 있는 이유

"보건실에 간호사가 아닌 보건교사가 필요한 이유를 설명해보세요."

임용 면접 강사님이 던진 날카로운 질문에 대답이 선뜻 나오지 않았다.

'그러게. 응급처치가 보건교사의 주된 업무라면 응급실이나 소아과 경력이 있는 간호사가 일하면 되지 굳이 교사로 뽑을 필요가 있나?'

면접관에게 나의 존재 이유를 설명할 수 있어야 했다. 책에 나온 내용을 베끼며 겨우 대답했다. 우리가 만나는 사람은 '환자'가 아니라 '학생'이기 때문에 학생에 대한 이해가 충분한 교사가 필요하다고. 영 찜찜했다. 가슴속에서 진정으로 우러나온 말이 아니었기에 근거는 미약했고, 실제 면접에서는 이런 질문이 나오지 않기만을 바랄 뿐이었다.

해답은 면접 스터디에서 만난 영양교사가 해준 말을 듣고서야 얻을 수 있었다. 영양사로 학교에서 10년 정도 일했을 때 배식 도우미를 하던 한 학생이 임신했다며 도움을 요청했다고 한다. 보호자와 담임 선생님께는 절대 알리지 말아 달라고 하면서. 하지만 이걸 어떻게 비밀로 할 수 있겠는가. 긴 설득 끝에 학교에 사실을 밝히고 병원으로 향했다고. 이 과정에서 많은 고민이 들었다고 한다. 자신은 교사가 아니니 무거운 책임을 지지 않기 위해 손쉬운 방법을 택했다면 어땠을까. 만약 영양사가 아닌 영양교사였다면 아이에게 상처를 주지 않고 더 현명하게 대처할 수 있지 않았을까. 대학원에 가서라도 영양교사가 되겠다고 마음먹었다고 한다.

나에게도 똑같은 일이 벌어졌다고 상상해봤다. 간호사로 학생을 대한다면 지금 임신 몇 주차인지, 임신 초기증상으로 힘들진 않은지, 중절 수술 계획은 있는지 따위를 묻겠지. 의학적 상태에 따라 적절한 의료기관을 연계하고, 보호자에게 객관적인 정보를 전달하겠지. 아이의 성격이나 교우관계, 가정환경에 대해서는 아는 바가 거의 없을 테니. 설령 어느 정도 정보가 있다고 해도 그것으로 뭘 어떻게 할 수 있을지는 잘 모를 것이다.

학생을 미래의 자원이나 일꾼 한 명쯤으로 여기고, 학교는 자원과 일꾼을 훈련하는 곳일 뿐이라고 치부하는 사람들이 있다. 그러나 우리 학생들은 각자의 꿈과 행복을 위하여 하루하루 살아가고 있고, 학교는 배움의 기쁨을 누릴 수 있도록 돕는 곳이어야 한다.

어쩌다 보니 서울시에서 단 1명뿐인 교사가 되었다. 공립학교에서 보건교사지만 교과를 가르치고 담임도 맡는. 거기에 노조 집행위원까지. 다양한 경험을 하고, 제각기 다른 사람들을 만나는 중이다. 서로의 입장이 모두 다르기에 다툼이 생기지 않을까 지레 겁을 먹기도 했다. 하지만 직접 해보니 오히려 따뜻했다. 싸우자고 모인 게 아니라 건강한 토론을 통해 같이 나아가려고 모인 거였다. 이제는 우리끼리 대립하기보다는 모든 교사가 한 명의 교육전문가로서 서로를 이해하고 신뢰할 수 있도록 가교 구실을 하고 싶은, 나는 '교사'다.

4장

꿈꾸는 교사의 좌충우돌 성장기

주연

서울병 소녀, 상경하다

엄마, 서울에 살려면 어떻게 해야 돼?

초등학교 3학년 정도였던 것 같다. 주중에 꼭 챙겨보던 어린이 드라마를 기다리면서 TV에 온 정신을 집중하고 있는데 미스터피자 광고가 나왔다. 당시 모델이었던 배우 문근영이 너무나도 맛있게 피자를 먹고 있었다. 가느다란 감자로 돌돌 말린 새우가 치즈 위에 슬로모션으로 얹히는 장면이 아직도 생생하다. 광고를 보자마자 저녁 준비를 하고 있던 엄마에게 말했다.

"엄마, 나 저거 먹고 싶어!"

"뭔데? 미스터피자네? 여기엔 저거 없어."

아쉽게도 어린 시절 내가 살았던 지방 소도시에는 미스터피자 체인점이 없었다. 식탐이 많았던 나는 포기하지 않고 한 번 더 물었다.

"그럼 저거 먹으려면 어떻게 해야 해?"

"외삼촌 집 갔을 때 먹자."

외삼촌은 가까운 거리의 중소도시에 살고 계셨는데 가끔 놀러 가면 치킨, 피자 등 맛있는 배달 음식을 시켜주셨다. 얼마 뒤 외삼촌 집에서 그 피자를 신나게 먹으면서 생각했다. 이걸 언제 어디서든 내가 먹고 싶을 때 먹으려면 어떡하지? 앞으로도 TV에선 맛있는 음식이 계속 나올텐데 그때마다 바로바로 먹어보려면 어떻게 해야 하지? 엄마한테 또 물었다. 엄마는 간단명료하게 대답했다.

"응, 서울에 살면 돼."

우리나라에서 가장 큰 도시가 서울이라 서울엔 없는 게 없다는 것이었다. 부모님 직장 때문에 당장 서울로 이사 갈 수는 없다는 걸 알고 있었기에 다시 질문했다.

"그럼 나중에 서울에 살려면 어떻게 해야 돼?"

"네가 서울로 대학 가면 돼."

그때부터 내 꿈은 서울에 있는 대학에 진학하는 것이었다. TV 피자 광고를 보고 인서울의 꿈을 품은 것이다. 혹자는 그런 걸로 꿈을 품었다며 웃을지도 모르지만 나는 진지했다. 반드시 서울에 있는 대학교에 가리라 마음먹었다.

감사하게도 초·중·고 시절의 노력과 운이 합쳐져 인서울에 성공했다. 고등학교 졸업 때까지 부모님의 따뜻한 품속에서만 자랐던 나는 떨리고 걱정되는 마음으로 대학교 기숙사 생활을 시작했다. 입사하던 날, 큰

캐리어에 짐을 가득 싣고 도착한 서울은 사방이 높은 빌딩으로 가득했다. 내 모교는 규모는 작지만 서울의 중심업무지구이자 교통의 요지에 위치해 있었다. 입학 전 오리엔테이션에서 교수님이 우리 학교는 규모는 작아도 서울 시내 제일가는 노른자 땅 위에 있다고, 단위 면적당 가치는 우리나라 대학 중 1등이라며 대단한 자부심을 심어주셨다.

서울 생활에 대한 기대감과 낯선 대도시에 대한 약간의 두려움을 안고 입학했다. 그러나 입학식 당일부터 그 약간의 두려움을 바로 잊을 만큼 너무나도 신나고 재미있는 나날이 펼쳐졌다. 입시로부터의 해방감과 성인이 되었다는 짜릿함, 로망이었던 서울살이를 하고 있다는 성취감에 매일매일 행복했다. 학교 바로 옆이 강남역이라 뭘 사거나 먹으러 갈 때 더없이 편리했고 지하철 2호선 안에서 온갖 학교와의 미팅을 해결할 수 있었다.

강남을 비롯해 홍대, 잠실, 압구정 등 서울 곳곳을 돌아다니며 신나는 대학 생활을 즐겼다. 괜히 다산 정약용 선생이 두 아들에게 한양 십 리 밖을 벗어나지 말라고 하신 것이 아니었다. 서울은 우리나라 정치·경제·문화의 중심지라 가도 가도 갈 곳이 많았고, 먹어도 먹어도 더 먹어 봐야 할 것들이 많았다. 끝도 없이 쏟아지는 놀거리와 먹을거리에 서울 생활은 지루할 틈이 없었다. 이토록 재미있는 서울살이라니! 꿈에 그리던, 완벽한 장면이었다.

어릴 적 봤던 드라마나 소설 속에서는 주인공이 고향을 떠나 상경하면 외롭고 어렵게 살아가던데 나에게 상경은 고된 일이 아니었다. 기숙사 시설이 좋지는 않았지만 서울 생활을 누리기엔 부족함이 없었고 주변에는 늘 함께 사는 친구들이 있어 타지 생활에 쉽게 적응할 수 있었다. 서울병을 앓던 소녀에게 상경은 꿈의 실현이었다. 그렇게 서울 생활에 도취되어 시간 가는 줄 모르고 대학교 3년을 보냈다.

꽃길만 걸을 줄 알았어요

행복했던 오락 생활을 뒤로하고 대학교 4학년 때는 임용고시 준비에 매진했다. 당시 초등교사 선발 인원이 해마다 예상을 크게 빗나가서 연초부터 불안한 마음으로 수험생활을 이어나갔다. 공부에 한창이던 8월 여름방학 어느 날, 기다리고 기다리던 서울 초등교사 임용 가티오가 발표되었다. 그런데 이게 웬걸! 직전 2년 연속 약 900명씩이던 TO가 105명으로 급감했다. 2년간 너무 많이 뽑아서 줄어들 거라고 예상은 했지만 500명대 정도로 생각했지 100명대는 전혀 상상조차 못 한 숫자였다. 그야말로 충격의 도가니였다.

처음에는 믿기지 않았고, 다음에는 제멋대로인 교원 수급 정책에 화가 났으며, 그다음에는 꿈을 향한 길이 좁아졌다는 절망감과 좌절감에 빠졌다. 하지만 충격에 빠져 있기에는 시간이 부족했다. 확정 TO가 발표되기까지는 한 달여 밖에 남지 않았고, 그 사이에 무엇이든 해야만 했다. 재학생들은 비상대책위원회를 꾸렸고 당시 나는 뭔지 모를 사명감에 불타올라 과를 대표하여 비대위 위원을 자처했다. 친구보다는 전우로 느껴지는 비대위 위원들과 함께 학생처, 교무처, 서울시교육청과의 각종 협의에 참석했다. 그리고 동기들, 선후배와 다 같이 여러 번의 시위에 참여하며 모두가 유난히 지치고 괴로운 여름방학을 보냈다.

이윽고 9월에 발표된 확정 TO는 385명. 그나마 우리가 꿈틀댔기 때문에 얻어낸 결과라는 생각도 잠시, 혹시 이 모든 게 우리의 노력과는 상관없이 이미 계획된 건 아니었을까 하는 허무함이 들었다. 처음부터 385명을 계획하고 있었지만 가티오를 그렇게 내면 분명히 반발할 테니 충격요법으로 105명이라고 발표해버리고 확정 TO를 조금 늘려주는 식으로 달래는 모양새인가 싶어 허탈하고 씁쓸했다.

가티오보다는 올랐지만 그래도 전년보다 턱없이 적은 TO에 서울 지역이 아닌 경기도나 타 시도로 임용시험을 보는 동기들도 있었다. 하지만 나는 애초에 서울에 살고 싶었으므로 서울이 아닌 다른 지역에 지원하는 것은 생각해본 적이 없었다. 무조건 서울, 떨어지면 재수한다는 생각으로 정말 치열하게 공부했다. 임용고시 1차 시험을 앞둔 한 달은 기숙사 바로 옆에 있는 도서관에 왔다 갔다 하는 시간도 아까워서 한 달 내내 기숙사 밖으로 한 발짝도 나가지 않고 먹고, 자고, 공부하기만을 반복했다.

3학년 때까지는 4학년 선배들이 임용고시에 합격하여 교사가 되는 것이 당연해 보였다. 하지만 밖에서 보이는 당연함은 안에서 자기 자신과의 지난한 싸움의 결과였다. 교육과정이 안 외워져서 울고, 공부할 게 많은데 시간은 없어서 울고, 친구들은 다 합격하고 나만 떨어질까 봐 두려워서 울고…. 수험생활 내내 눈물의 연속이었다. 다행스럽게도 서울 지역 임용고시에 합격했고 그때의 나는 다 이루었다고 생각했다. 이제 다시 신나고 재미있는 서울살이를 할 일만 남았다고 믿고 있었다. 순진하게도.

첫 발령, 한 치 앞을 알 수 없는 인생

발령 대기자 적체가 심해 1년 하고도 몇 개월을 기다린 끝에, 드디어 정식 발령을 받게 되었다. 매달 서울시교육청 홈페이지에 발령 인원이 발표되는데 내 등수가 포함된 것이다. 며칠 뒤 발령을 받겠구나 하고 마음의 준비를 하고 있던 어느 날 아침, 자고 있었는데 02로 시작하는 번호로 전화가 왔다. 잠결에도 교육청일 수 있다는 생각이 들어 서둘러 받았다.

"안녕하세요, 선생님! ○○교육지원청입니다!"

엥? ○○교육지원청이라니? 내 주소지 상 여기일 리가 없는데? 잠이 확 깼다. 알고 보니 중간발령이라서 주소지와 관계없이 빈자리에 발령이 난 것이었다. 예상과는 달랐지만 중간발령이면 흔히 겪는 일이라 납득 가능했다. 전화 주신 장학사님께서는 임명장을 받으러 언제 교육지원청으로 오라고 하셨다. 며칠 뒤 교육지원청에 가서 발령 학교를 확인했다. 선배들로부터 첫 발령지가 중요하다는 말을 익히 들어서 설레면서도 정말 떨렸다.

발령 학교는 △△초. 얼른 포털사이트에 검색해보았다. 순간 두 눈을 의심했다. 아니, 이게 뭐지? 전교생 100명대? 기간제 교사로 일했던 학교도 18학급 미만의 소규모 학교여서 '어디로 발령 나든 여기보단 크겠지'라고 생각했는데 웬걸, 훨씬 더 작은 학교였다. 또 한 번 예상이 엎어지고 말았다. 정말 한 치 앞을 알 수 없는 인생이었다.

소규모 학교도 분위기만 좋으면 괜찮을 거라며 애써 마음을 가다듬고 집에서 학교까지 가는 길을 찾아보았다. 으음? 대중교통으로 한 시간 반? 왕복 3시간? 차가 없어서 대중교통으로 출퇴근을 해야 했는데 버스를 타고 지하철을 타고(심지어 두 번 환승) 다시 버스를 타고 걸어서 10분 정도 더 올라가야 있는 산 밑의 아주 작은 학교였다. 지금 나에게 무슨 일이 일어난 거지? 현실을 부정하고 싶었다. 극악의 근무 난이도로 꼽히는 소규모 학교와 교통이 불편한 학교라는 환장의 콜라보에 눈앞이 깜깜했다.

심란한 마음으로 임명장을 받고, 환영 오신 교무부장님 차를 타고 발령 학교로 인사를 하러 갔다. 어떻게 첫인사를 하고 왔는지 기억이 나지 않는다. 학교에서 나와 집으로 돌아가는 길에 길을 잃었다. 원래 길치지만 서울 시내 곳곳을 다니며 길눈이 밝아졌다고 생각했는데 그건 중심지 번화가일 때 얘기였지 변두리 작은 골목길일 때는 아니었다. 지도 앱을 보고 또 봐도 도통 어느 방향으로 가야 할지 감이 안 잡혔다. 어찌저찌 큰길로 나가서 버스를 잡아타고 집으로 향했다.

집으로 돌아가는 길에 이런저런 생각에 잠겼다. 20년간 살았던 고향을 단 며칠 만에 잊을 만큼 서울은 참 좋았다. 그런데 내가 사랑한 서울은 크고 높은 건물과 예쁘고 화려한 문화·편의시설이 가득한 서울이었지, 길을 헤맬 때 보이던 샷시집, 철물점, 낡고 오래된 낮은 건물들로 채워진 서울이 아니었다. 그런 건 이미 고향에서 매일같이 봤다. 내가 꿈꿨던 서울 생활은 역세권의 큰 학교로 발령받아 그쪽으로 이사 가서 중심지 번화가의 도시 문명을 누리는 것이었다. 하지만 이사를 포기했다. 원치 않는 동네에서 24시간 365일 지낼 자신이 없었다. 인근 경기도에 살면서 발령만을 기다리며 화려한 서울 생활을 기대했던 나는 너무나도 낙담했다.

딱 1년만 버티고 비정기 전보 내신이라도 써볼 요량으로 통근을 하기로 마음먹었다. 첫 출근은 정말 고됐다. 지하철역을 하나씩 지날수록 사람들이 많아졌다. 내려야 할 역에 도착해서는 "잠시만요, 내릴게요!"를 세 번은 외쳐야 겨우 내릴 수 있었다. 약간의 결벽증이 있어서 내 옷에 다른 사람 옷이 닿는 것을 극도로 경계하는 나는 김밥 속 재료들처럼 부대끼는 이 지옥철이 너무도 견디기 힘들었다. 하지만 여기서 끝이 아니었다. 역 앞에서 마을버스를 탄 후 다시 800m 정도의 오르막길을 걸어 올라가야 했다. 이렇게 출근길 90분 동안 하루 에너지의 절반 이상을 써버렸다. 서울살이, 정확히는 세상살이가 만만치 않음을 느끼는 첫 순간이었다.

선생님 덕분에 버팁니다

하늘이 무너져도 솟아날 구멍은 있다

"어떻게든 버텨봐라. 버티는 게 이기는 거야."

드라마 〈미생〉의 명대사. 회사 옥상에서 해질녘 노을을 바라보며 오 차장이 장그래에게 건넨 말이다. 오 차장이 있어 장그래가 버틸 수 있었던 것처럼, 내게는 직장에서 지금까지 버틸 수 있게 해주신 두 분의 선배 선생님이 있다. 한 분은 카풀을 해주셨던 선생님, 다른 한 분은 동학년을 했던 학년부장님이다. 이 두 분을 만나지 못했다면 나는 아마 진작에 못 버티고 도망쳐 나왔을 것이다.

나의 첫 발령교는 교통이 매우 좋지 않아 통근 거리가 왕복 3시간이었다. 출근길에 기가 다 빨려버린 근무 첫날, 단합대회가 있어 회식에 참석하게 되었다. 감사하게도 모든 선배 선생님들께서 신규 발령이라고 환영해주셨다. 옆자리에는 굉장한 포스와 카리스마가 느껴지는 선생님이 계셨다. 도시적인 이미지에 키도 크셔서 감히 다가가기 어려운 느낌이었는데 먼저 말을 걸어주셨다. 하늘 같은 선배님과 이런저런 이야기를 하다가 알고 보니 서로 같은 동네에 살고 있었다. 선생님께서는 동네 주민이라며 반가워하시다가 뒤이어 말씀하셨다.

"내일부터 8시 15분까지 우리 집 앞으로 와. 같이 출근하자."

와~ 순간 머리에서 종이 울렸다! 세상에 이런 일이? 이분은 천사신가? 앞으로 출퇴근길 카풀을 해주시겠다는 것이었다. 아무리 후배라도, 심지어 오늘 처음 보는 후배에게 선뜻 카풀을 제안해주시는 게 쉽지 않은 일이실 텐데 너무 감사했다. 매일매일 우울한 뚜벅이 생활을 할 뻔했는데 이런 은혜를 입혀주시다니! 하늘이 무너져도 솟아날 구멍은 있다는 말이 틀린 말이 아니었다. 그때부터 그 선생님께 충성을 다짐했다. '내겐 이제 이 선생님 말씀이 곧 법이다!'라는 심정이었다. 진심이었다.

카풀을 하면 통근 시간이 90분에서 무려 20분으로 줄어들었다. 시간은 물론이요, 체력도 아낄 수 있었고 무엇보다 우울한 기분을 느끼지 않을 수 있었다. 사실 정말 감사하면서도 한편으로는 죄송했다. 하지만 지옥 같은 출근길과, 출근보다는 낫지만 어두컴컴한 골목길을 지나며 우울감에 휩싸이는 퇴근길을 생각하면 염치 불구하고 차를 얻어타는 것이 생존할 수 있는 길이었다. 살기 위해서는 다른 방법이 없었다. 얼굴에 철판을 까는 것만이 유일한 방법이었다.

카풀을 해주셨던 선생님은 부장을 맡고 계셔서 나는 그분을 최부장님(가명)이라고 불렀다. 발령 둘째 날부터 바로 최부장님과 함께하게 되면서 행복한 출근길이 시작되었다. 아침에 출근을 편하게 하니 상쾌한 몸과 마음으로 더욱 힘차게 일할 수 있었다. 좀 더 생기있게 수업을 했고 아이들에게 작은 관심이라도 더 기울였으며 말 한마디라도 더 친절하게 했다.

최부장님은 나의 출퇴근만 책임져주신 것이 아니었다. 사회초년생의 직장생활 적응에도 많은 도움을 주셨다. 카풀을 하면서 자연스럽게 이런저런 학교 이야기를 나누다 보면 배우는 점들이 참 많았다. 최부장님은 절대 무언가를 먼저 가르쳐주시지는 않았다. 다만 부장님과의 대화 속에서 은연중에 학급 운영이나 업무 처리 노하우를 배울 수 있었다. 물론 내가 조언을 구할 때는 부장님의 경험을 아낌없이 나눠주셨다. 나중에는 학교에서 스트레스받는 일이 있으면 함께 실컷 얘기하며 풀기도 했다.

카풀만으로도 감사한데 그 시간에 부장님의 경험과 노하우까지 나누어 주셔서 나는 보다 빠르게 학교라는 직장생활에 적응할 수 있었다. 발령 2주 만에 동료 선생님에게 "선생님은 학교 적응 다 하신 것 같네요. 적응이 빠른 스타일인가 봐요."라는 말을 들었다. 온전히 최부장님 덕분이었다. 부장님은 나의 시간, 체력, 돈, 시행착오까지 아껴주셨다. 그래서 교통이 불편하다는 이유로 낙담했던 학교에, 정말이지 정이 들지 않을 것만 같던 학교에 조금씩 정을 붙이고 다닐 수 있었다.

최부장님께서는 첫해부터 내리 5년을 카풀해주셨다. 무려 5년! 눈이 오나 비가 오나 늘 나를 챙겨주셨다. 한 번은 내가 저녁에 진행되는 행사의 담당자라서 오후 8시에 퇴근해야 했던 적이 있었다. 행사를 마치고 정신없이 뒷정리를 하고 있는데 최부장님이 나타나셨다. 조카를 두고 온 느낌이라며 이미 퇴근하셨다가 나를 데리러 다시 차를 끌고 학교에 오신 것이었다. 그때의 감동은 이루 말할 수가 없다. 다시 한번 부장님께 충성을 다짐했다. 내가 더 잘해야지, 그리고 나도 후배가 생기면 지금 입은 은혜를 잊지 않고 부장님처럼 잘해줘야지 하고 결심했다.

50살에는 저 쌤처럼 될 거야

2020년에 있었던 가장 큰 이슈를 꼽는다면 단연 코로나 팬데믹일 것이다. 하지만 내 인생에서는 그보다 더 중요한 사건이 있었는데 바로 한부장님(가명)과의 인연이었다. 한부장님은 2020년에 우리 학교로 전보를 오셔서 나와 동학년을 하게 된 학년부장님이셨다. 교장, 교감 선생님과 같은 학번이실 만큼 교직 경력이 많으신 분이었다. 그런데 이미지가 유독 우리 엄마와 비슷했다. 마른 체형에 작은 얼굴, 안경 쓴 모습, 표정과 분위기까지. 그래서인지 첫 만남부터 유난히 친근하게 느껴지고 따르고 싶어졌다. 부장님께서는 나에게 본인을 이렇게 소개하셨다.

"자기야, 나는 대충하는 교사야."

처음에는 이 말의 뜻을 잘 이해하지 못했다. 대충한다는 건 뭘까? 진짜 대충하는 건 아닐 테고. 머지않아 깨달았다. 한부장님께서는 일의 경중에 따라 효율적으로 일처리를 하는 능력이 뛰어난 분이셨다. 가벼운 일은 신속하고 단순하게, 중요한 일은 빈틈없이 꼼꼼하게. 구구절절 설명하긴 어렵지만 굉장히 능력 있는 분이셨다. 항상 대충했다고 하시는데 나보다 빠르신 것은 물론이고 내가 공들여 한 것보다 질이 높았다. 경력은 그야말로 존경스러운 것이었다.

2020년에는 모두 처음 접하는 코로나 사태에 대처하느라 회의도 많고 학년끼리 힘을 합쳐 헤쳐 나가야 할 일도 많았다. 하지만 우리 학교는 소규모라서 동학년이라고 해도 나와 부장님뿐이었다. 즉, 동학년끼리 업무를 나눠서 하더라도 내 일 아니면 부장님 일이었다. 작은 학교 특성상 한부장님은 학년부장과 특수부장(방과후돌봄부장)을 겸임하고 계셔서 업무량이 상당히 많으셨기 때문에 학년 업무는 주로 내가 기초 작업을 하면 부장님께서 검토 및 수정을 해주셨다.

정식 발령 이후의 학년 업무는 처음이라 이게 맞는지도 모르겠고 잘하고 있는지 확신도 없었다. 그저 작년, 재작년 자료를 참고해서 선배 선생님들과 교대 동기들에게 물어가며 겨우겨우 하고 부장님께 검토를 부탁드렸다. 그러면 부장님께서는 곧바로 검토하시고 메신저로 수정본을 보내주셨다. 엄지척 이모티콘과 함께. 부장님께서는 칭찬을 정말 아낌없이 해주셨다. 나중에는 내가 검토를 부탁드리면 칼답으로 “완벽합니다."라고 해주셨는데 그런 답장을 받는 날이면 잠들 때까지 기분이 너무 좋았다. 집에서 저녁을 먹으면서도 부장님이 해주신 칭찬을 곱씹으며 혼자 헤헤 웃었다.

또한 한부장님은 지혜롭고 포용력이 넓으셨다. 특히 타인의 말을 경청하며 합리적인 해결책을 찾아주셨기에 관리자분들과 선생님들 사이에 갈등이 생기면 주로 한부장님께서 중재 역할을 맡으시곤 했다. 자연스레 선생님들은 고민거리가 생기면 부장님을 찾아갔고 심지어 어느 날은 교장 선생님께서 부장님 교실로 찾아오신 적도 있었다. 그러다 보니 부장님 교실에는 늘 손님이 많았다. 말 그대로 인기쟁이 선생님이셨다. 바쁘실 텐데도 내가 학생지도나 학부모 상담 관련해서 SOS를 치러 가면 방석 깔린 의자를 빼주시며 앉아서 편히 얘기하라고 하셨다. 항상 다른 사람 입장을 헤아려주시는 따뜻한 분이셨고 그 모습에서 우아함과 기품이 느껴졌다.

무엇보다 부장님의 여유 있는 모습이 참 좋아 보였다. 일도 많고 인기도 많으셔서 몸이 열 개라도 모자라실 텐데 매사 여유가 넘치셨다. 나는 마음이 급해서 늘 잰걸음으로 학교를 돌아다니고 어떨 땐 뛰어다니기도 하는데 부장님은 항상 천천히 걸으시고 천천히 말씀하시면서 일 처리는 빠르셨다. 모든 일이 부장님 손에 가면 다 해결되었고, 어떤 상황에서도 미소와 여유를 잃지 않으셨다.

예전에는 교직 경력이 조금씩 쌓여 가면서도 30년간 이 일을 계속할 수 있을지 확신이 없었다.

'적성에는 잘 맞는 것 같은데 과연 30년 동안 버틸 수 있을까?'

스스로 계속 질문을 던져보아도 답을 찾지 못했다. 아마 멘토 선배상을 찾지 못했기 때문이었으리라. 최부장님과 한부장님을 만나고 나서는 훗날 내가 어떤 모습의 교사가 되어야 할지 감이 잡히는 것 같았다. 30년 뒤에 그런 모습의 교사가 되어있다고 상상하니 버틸 수 있을 것 같다는 작은 자신감과 버틸 만한 일이라는 직업적 애정이 생겼다. 최부장님처럼 도움이 절실한 후배들을 도와줄 수 있는, 한부장님처럼 언제나 여유를 잃지 않는 교사가 되어야겠다고 다짐했다. 그래, 난 50살 때 그런 교사가 될 거야!

내리사랑의 시작

교사로서의 자존감을 키워주신 한부장님께서는 개인적인 사정으로 이듬해에 명예퇴직을 하게 되셨다. 처음에는 우리 엄마와 이미지가 비슷해서, 다음에는 나를 인정해주시고 예뻐해 주셔서, 결국에는 내 교직 인생의 길잡이가 되어주셔서 부장님을 무척이나 따르고 사랑했던 나는 부장님을 보내드리는 것이 진심으로 슬펐다. 대신 부장님은 내가 너무 오래 빈자리를 느끼지 않도록 선물을 두고 가셨다.

드디어 나에게도 후배가 생긴 것이다. 부장님이 떠나신 자리에는 신규 발령이 났다. 나를 마지막으로 3년 동안이나 신규 발령이 없었기 때문에 나는 계속 막내였다. 친했던 몇 살 위 선생님들은 만기를 채워 다른 학교로 하나둘 떠나가고 비슷한 또래의 동료가 점차 사라진다는 건 외로운 일이었다. 심지어 나는 중간발령을 받아 발령 동기도 없었다. 정기발령을 받았던 친구들은 발령 동기들끼리 퇴근 후 놀러 다니거나 후배가 들어오면 밥을 사주면서 친하게 지내던데 그런 게 내심 부러웠다.

신규 선생님이 왔다는 소식을 듣고 너무 기쁜 마음에 수업이 끝나자마자 찾아가 인사를 했다. 정말 예쁘고 똑똑하고 착한 선생님이었다. 빨리 친해지고 싶어서 약속을 잡았다. 퇴근 후 함께 달달한 디저트를 먹으며 교대 시절 이야기부터 기간제 교사 이야기, 발령 이야기 등 말하는 직업인들답게 이런저런 이야기를 쉴 새 없이 나눴다. 다행스럽게도 선생님과 나는 죽이 잘 맞았다. 우리는 한 달에 한 번 정도 학교 밖에서 따로 만나 친목을 다졌다.

나는 4층에서, 후배 선생님은 3층에서 근무했는데 내가 3층을 지날 때면 가끔 선생님 교실에 찾아가 안부를 전했다. 그리고 물어볼 게 있으면 언제든지 내선번호로 전화하라고 했다. 내가 선배 선생님들한테 받은 만큼 후배 선생님에게 잘해주고 싶었다. 사실 선배라기보다는 친구 같은 느낌으로 대했던 것 같다. 태생이 막내인데다가 어느 집단을 가든 막내로 지내와서 동생을 어떻게 챙기는지 잘 몰랐을 터. 그런데 방학하는 날 후배 선생님이 간식을 들고 찾아왔다. 발령받고 언니가 있어 너무 든든했다면서. 어머나! 나도 한부장님이 떠난 자리에 예쁜 후배 선생님이 와서 또다시 활력을 얻고 즐겁고 재밌었는데! 뿌듯하면서도 참 고마웠다.

교직을 버티는 힘은 동료 선생님들에게서 나온다. 너무나 따뜻하게도, 정말 감사하게도 도움이 필요한 이가 보이면 서로 손 내밀어 잡아준다. 동고동락하며 하루하루를 보낸다. 한 공간에서 함께 일한다는 것만으로 말하지 않아도 알고, 진심으로 응원하게 된다. 같은 길을 걷는다는 것은 참으로 위안이 되는 일이다.

작은 학교가 굴러갈 수 있는 이유

가족 같은 분위기의 비밀

나의 첫 발령교는 서울시에서 열 손가락 안에 드는 소규모 학교다. 소규모 학교란 특수학급을 포함하여 전체 학급 수가 18학급 미만인 학교를 말한다. 대부분의 교사들은 소규모 학교를 선호하지 않는다. 단위 학교당 업무는 큰 학교나 작은 학교나 비슷한데 교원 수가 적으니 한 명당 업무량이 몇 배로 많기 때문이다. 내 경우에는 영어·독서업무 담당이던 해에 영어업무인 영어교육, 영어캠프, 원어민영어보조교사 관련 업무와 독서업무인 독서·토론·논술교육, 독서캠프, 도서관 관련 업무에 다 곁다리로 평화·통일교육, 역사·사회교육, 독도교육, 경제·금융교육까지 맡았었다. 아마 큰 학교라면 영어교육 담당자, 독서교육 담당자, 계기교육 담당자 모두 따로 있었을 것이다. 교사 한 명이 일당백을 해내는 셈이다.

또한 각종 조사자료 제출은 대부분 전수조사이며 교육청 단위 사업은 신청을 받는 게 아니면 거의 모든 학교에 해당한다. 국회의원 요구자료를 제출할 때 큰 학교는 교사 100명 중 한 명이 하면 되지만, 작은 학교는 10명 중 한 명이 해야 한다. 코로나 이후 갑작스레 도입된 교육력 회복 사업도 마찬가지다. 작은 학교라고 예외는 없다. 방학 당직도 큰 학교는 한 사람당 1년에 한 번 정도 하지만 작은 학교는 적어도 세 번은 해야 한다.(방학 당직 근무가 없어진 시·도도 꽤 있지만 서울시에는 아직 많이 남아있다.)

이런 작은 학교에도 분명한 장점이 하나 있다. 바로 가족 같은 분위기. 친구들이 정말이냐고 묻는다. 사실이다. 요즘 시대에도 직장에서 그런 분위기가 있을 수 있는 데에는 다 사정이 있다.

첫째, 일이 너무 많다. 한 사람당 주어진 일이 많으니 협조를 구하지 않으면 혼자서 다 감당이 안 된다. 구성원 모두가 이심전심으로 서로의 사정을 너무 잘 안다. 적극적으로 협조할 수밖에 없다. 도와주니 고맙고 도움을 주니 뿌듯하다. 분위기가 따뜻해지는 건 당연한 수순.

둘째, 사람이 너무 적다. 좀 더 냉정하게 말하면 내년에 다시 볼 확률이 높다. 보통 학교 일은 동학년을 중심으로 이루어지기 때문에 동학년 선생님들끼리 매우 끈끈하다. 큰 학교라면 동학년이 적어도 4~5명, 많게는 7~8명 정도 되겠지만 작은 학교는 동학년이라고 해봤자 2명뿐이므로 학년군으로 묶어 동학년군끼리 움직인다. 인원이 적으니 서로 더 의지하게 됨은 물론이다. 큰 학교는 교원 수가 많아 2년 연속 동학년으로 만날 확률이 낮은데 소규모일수록 동학년군으로 겹칠 확률이 높다. 올해 만난 사람과 내년에도 가까이서 일할 가능성이 큰 것이다. 그러니 의식적으로 서로 배려하고 양보하며 갈등 없이 잘 지내려 노력하게 된다. 올 1년만 일하고 안 볼 거 아니니까.

저도 착해지고 싶지 않았어요

나는 착한 아이 콤플렉스가 전혀 없다. 오히려 착하게 살면 손해라고 생각하는, 계산적인 현실주의자였다. 이 거친 세상 도덕적으로 살면 충분하다고 생각했다. 그런 내가 가족 같은 분위기의 작은 학교에 와서 착해지게 된 계기가 있었다. 첫 번째는 차를 얻어타고 다니게 된 상황이었다. 대가 없는 호의를 받았으니 착하게 굴지 않으면 안 되었다. 하지만 그건 차를 태워주시는 분 한정이었고 모든 사람에게 착해질 필요는 없었다. 그런데 곧 모두에게 착한 마음을 갖게 된 사건이 있었다.

내리쬐는 햇살이 점점 따가워지던 늦봄 어느 날, 친목회 총무를 맡고 있던 나는 친목회용 카드 사용기한이 만료되어 새 카드를 발급받기 위해 은행에 가야 했다. 조퇴를 상신했다. 그런데 교감 선생님으로부터 전화가 왔다. 이따 오후에 교직원 회의가 있는데 내가 반드시 참석해야 하므로 조퇴하지 말라는 것이었다. 사적인 일도 아니고 공적인 일인데 조퇴를 막는 것에 1차로 반발심이 들었고, 막내라서 회의 때 별다른 역할도 없는 내가 반드시 참석해야 하는 이유가 대체 뭘까 하며 2차로 의구심이 들었다. 하는 수 없이 조퇴를 못 하고 교직원 회의에 참석했다. 회의가 다 끝날 때까지도 내가 꼭 참석해야만 했던 이유를 찾을 수 없었다. 그 순간, 갑자기 불이 꺼지고 팡파르가 울려 퍼졌다.

"주연 선생님의 발령 첫돌을 축하합니다!"

오 마이 갓! 전혀 예상치 못했던, 아니 상상조차 못했던 일이 벌어졌다. 내가 신규 발령을 받은 지 1년이 되었다고 축하 파티를 준비해주신 것이었다. 교장 선생님께서는 책을, 교감 선생님께서는 업무용 도장을, 선배 선생님들께서는 케이크와 꽃다발, 화장품을 선물해주셨다. 실무사님들을 포함해 학교의 모든 교직원분들이 진심으로 축하해주셨다. 조금 전까지 조퇴 반려 건으로 심술이 나 있던 나는 정말 민망했다. 이래서 내가 오늘 회의에 반드시 참석해야 했구나.

학교는 일터라고 생각했고 일하러 모인 곳에서 서로 업무적으로 협조만 하면 되지 굳이 마음을 열고 친하게 지낼 필요는 없다고 판단했었다. 못되게 굴지는 않지만 마냥 착하게 지낼 생각도 없었다. 너무 착하면 호구 잡히기 쉽다고 들어서 나를 지키기 위한 방식이기도 했다. 그런데 그런 태도와 사고방식이 무안해지게 다들 너무나 인간적으로 나의 발령 첫돌을 축하해주셨다.

발령 첫돌. 성인에게 쓰기에는 약간 오글거리는 말이지만 발령받고 1년을 잘 버텼다는 의미 같아서 기쁜 마음으로 받아들이기로 했다. 그리고 지금껏 나를 막내라고 챙겨주시고 작은 학교 와서 고생한다고 보살펴주셨던 기억들이 머릿속에 스쳐 지나가면서 감동이 밀려왔다. 정말 가족 같은 분위기를 실감하는 순간이었다. 모두가 이렇게 친절하게 대해주는 만큼 앞으로는 나도 이분들처럼 착하게 살아야겠다는 생각이 들었다. 20여 년 동안 이기적으로 살아왔던 내가 착해질 수밖에 없는 사건이었다.

매일 쓰는 감사일기 세 줄

교직에 대한 직업 만족도는 수시로 업다운이 있지만 한동안 최대치로 올라갔던 때가 있었다. 출퇴근을 함께해주시는 최부장님이 계시고, 학년에는 든든한 버팀목이 되어주시는 한부장님이 계시고, 그 해의 학생들과 학부모님들도 괜찮아서 학교생활이 참 편안했다. 개인적으로는 대학원을 졸업하고 저녁이 있는 삶을 살게 되면서 더 여유로워졌다. 모든 일이 뜻하는 대로 되고, 어려운 일도 쉽게 해결되고, 힘들 만한 일도 잘 지나가고. 그래서 매일매일 참 만족스러웠던 적이 있었다.

좋은 순간을 잊고 싶지 않은 마음에 기록을 해두기로 했다. 너무 거창한 일기를 쓰면 부담스러워서 오래 못할 걸 알기에 하루에 딱 세 줄

씩만 쓰기로 했다. 하루에 감사한 일 세 개만 찾아 감사일기 세 줄 쓰기. 그렇게 4~5개월 정도를 썼다. 신기하게도 감사일기를 쓰는 동안은 힘든 일이 없었다. 그 이후 바쁘다는 핑계로 한동안 감사일기를 안 썼는데 거짓말처럼 스트레스받는 온갖 힘든 일은 그때 다 일어났다. 정신 차리고 다시 감사일기를 쓰기 시작하니 또 거짓말처럼 일이 모두 잘 풀렸다. 종교가 있는 것은 아니다. 그저 감사일기의 힘을 느끼게 된 나는 감사일기 예찬론자가 되었다.

학급 아이들에게도 감사일기의 중요성을 설파했다. 하지만 아이들은 자발적으로 할 수 있는 성인이 아니었다. 그래서 생각해낸 것이 '매일 감사 한 줄'이었다. 아침마다 칠판에 학급 아이들의 이름과 기다란 빈칸이 인쇄된 A4용지를 붙여두고 자신의 이름 옆에 '감사 한 줄'을 적도록 했다. 스스로 일어나서, 지각 안 해서, 급식이 맛있어서 등 아주 사소한 것도 좋으니 무엇이든 적도록 했다. 아니 찾도록 했다. 찾으면 찾을수록 감사할 일이 더욱 늘어난다고 굳게 믿었다.

아이들의 '감사 한 줄'은 점차 다양해졌다. 주말에 가족끼리 캠핑 다녀와서, 오늘 저녁에 좋아하는 아이돌이 라이브 방송을 해서, 친구한테 생일선물을 받아서, 수학 단원평가를 잘 봐서 등등. 물론 1년 내내 '급식이 맛있어서 감사'라고 적었던 학생도 있다. 그런데 우리 학교 급식이 정말 맛있었기에 그건 그것대로 인정했다. 감사 한 줄 적는 게 어딘가! 6학년임에도 불구하고 내 말을 군말 없이 잘 따라준다는 것만으로도 고마웠다. 그리고 아이들이 일상에서 감사함을 찾는 태도를 조금이나마 견지할 수 있기를, 그래서 행복을 느끼기를 바랐다.

행복은 삶의 만족도라고 한다. 감사일기를 쓰면 삶의 만족도가 올라갔다. 더 행복해졌다. 그렇게 불만이었던 작은 학교에서 감사함을 느끼면서 행복하게 직장생활을 이어 나갔다. 처음엔 1년만 해보고 수틀리면 비정기 전보로 도망가려고 했는데 어느새 만기를 앞두고 있다. 작은 학교가 결국 나를 머무르게 했다. 가족 같은 분위기로, 천사 같은 선생님들과 따뜻한 교직 사회의 모습으로. 그래서 다들 처음엔 우울하고 슬픈 표정으로 전보를 왔더라도 대부분 만기를 채워 떠나는가 보다.

MZ교사의 직장생활

MZ교사가 살아가는 법

새 학기 적응이 끝나갈 무렵이던 작년 4월, 서울시교육청으로부터 '수업친구 나눔교사단' 공모 공문이 왔다. 수업친구 나눔교사단은 2022년에 신설된 사업으로, 2교 이상 3인 이상의 교사로 이루어진 팀에게 수업 연구를 지원하는 사업이었다. 학교 간 교원학습공동체와 느낌이 비슷한데 수업에 좀 더 중점을 둔 사업이었다. 교사들의 수업전문성 신장과 수업나눔 문화 확산을 위해 공동으로 수업을 연구하고 일상적인 수업나눔을 하는 것이 주된 내용이었다.

공문을 보자마자 친한 교대 동기들끼리 이구동성으로 뜻을 모아 함께하기로 했다. 우리의 수업 연구 주제는 '코딩'이었다. 코딩이야말로 교육계 안팎에서 핫 트렌드였기 때문에 모두의 관심사였고, 4차 산업

혁명 시대에 발맞추어 코딩교육의 중요성이 강화되면서 시대적 역량을 갖춘 교사가 되고 싶다는 욕심도 있었다. 이 기회를 통해 한 해 동안 코딩수업 연구에 집중하고 나면 선진교사가 될 수 있을 거라는 막연한 기대감도 있었다. 우리는 의기투합하여 학생참여형 코딩수업을 해보기로 했다.

모두 머리를 맞대고 몇 날 며칠 운영계획서를 공들여 쓴 덕분인지 선발되는 행운을 누렸다. 5월에 온라인 화상회의(Zoom)로 오리엔테이션도 듣고 본청에 가서 연수도 받은 뒤 본격적인 활동을 시작했다. 퇴근 후 저녁, 주말, 방학 등 시간이 되는 대로 모여서 수업 연구를 했다. 소프트웨어교육, 미래교육, 코딩의 기초 등 코딩교육에 필요한 원격 연수를 개별적으로 들은 후, 모여서는 배운 것을 정리해 공유했다. 그리고 코딩교육과 가장 밀접한 실과와 다양한 교과목을 연계하여 교육과정을 재구성하고 5~6학년을 대상으로 한 수업을 구상했다. 우리가 중점을 둔 부분은 학생들이 주도적으로 참여하면서도 어렵지 않고 재미있는 수업이었다.

공식적인 학교 일정으로서의 장학이나 보여주기식 수업이 아니라 자발적인 수업 혁신이었기 때문에 그 어느 때보다 의욕이 넘쳤다. 우리 스스로 선택한 것이다 보니 더욱 책임감을 가지고 열정적으로 임하게 되었다. 단체채팅방을 통해 수업 영상을 비롯하여 수업 흐름, 잘된 점, 보완할 점 등을 수시로 공유했다. 친한 친구들과 함께해서인지 피드백을 주고받는 것에도 불편함이 없었고 자유로운 토론이 가능했다. 임상장학이었다면 안전한 수업을 구현하는 데 급급해 시도하기 어려웠을 요소들도 부담 없이 과감하게 도전해볼 수 있었다.

그 대표적인 예는 코딩게임수업이었다. 태블릿PC를 활용해 코딩게임을 하며 코딩의 원리를 직관적으로 익히고 코딩과 친해지기 위한 수업이었다. 보통의 공개수업이라면 자칫 수업 분위기가 너무 들뜨거나 소란스러워질까 봐 한 시간 내내 게임만 하지는 못했을 텐데 그 수업만큼은 게임 3개를 준비하여 한 시간 내내 코딩게임만 했다. 시간을 충분히 주니 개인차가 있더라도 학생들 모두 학습목표 달성에 성공했다. 잘하는 학생은 게임 난이도를 계속 높여가며 더 신나게 참여했고, 어려워하는 학생은 교사의 도움을 받다가 점차 스스로 해보며 즐기게 되었다.

우리는 블록 코딩을 활용해 여러 가지 모양의 삼각형 만들기(수학), 파이썬을 활용해 친구를 칭찬하는 프로그램 만들기(도덕), 파이썬의 선택구조를 활용해 이야기 속 등장인물에게 하고 싶은 말 전하기(국어), 이진법 코드를 활용해 영단어 문제 만들고 풀기(영어), 펜슬 코딩을 활용해 세계 지도에 가고 싶은 나라 및 여행경로 표시하기(사회) 등의 수업을 함께 설계하고 공동으로 진행했다. 학생들은 디지털 네이티브답게 코딩 수업에 자연스럽게 녹아들었다. 특히 국어 연계 수업에서는 한 학생이 배운 내용을 활용해 심리테스트 프로그램을 만들어 친구들에게 공유하기도 했다. 우려와는 달리 잘 따라오는 학생들의 모습에 우리는 더욱 신이 나서 학년별 맞춤 코딩수업도 개발하는 등 수업을 계속 발전시켜 나갔다.

12월에는 전체평가회에 참석해 그동안의 수업 고민과 수업 사례를 나누며 약 8개월간의 대장정을 마쳤다. 새로운 수업 내용과 방법, 자료, 평가 등에 대해 진지하고 치열하게 고민해볼 수 있었던 유익한 시간이었다. 그리고 그 뜨거운 시간 덕분에 단기간에 큰 폭으로 성장했다. 마음이 맞는 동료들끼리 함께하니 좋은 수업 구성에 대한 직접적인 동기부여도 받아 지치지 않고 달릴 수 있었다.(앞으로도 이러한 수업 연구 지원 사업이 더욱 확대되어 많은 교사들이 수업 연구에 매진할 수 있는 환경이 조성되기를 바란다.)

그 누구도 시키지 않았다. 처음부터 끝까지 모두 자율성에 기반했다. 혹자는 MZ세대가 자신의 의무도 다하지 않고 권리만 주장한다고 말하기도 한다. 하지만 적어도 내가 아는 MZ는 그렇지 않다. 마땅히 해야 할 일을 스스로 찾아서 한다. 교사라면 마땅히 해야 하는 수업 연구를 누가 말하지 않아도 알아서 한다. MZ교사는 그렇게 살아가고 있다.

MZ교사를 다루는 법

"Welcome to Korea!"

신규 원어민 강사를 데리러 간 날, 어색한 미소와 약간은 긴장된 말투로 인사를 건넸다. 한국에 처음 와본다는 그녀는 조심스럽게 인사했다. 원어민 강사 관리업무를 맡았던 당시, 업무의 첫 시작은 신규 원어민 강사를 픽업해서 한국에서 살 집에 데려다주는 것이었다. 경차에 커다란 이민 가방 2개를 겨우 싣고 원룸에 도착하여 이것저것 설명을 해주었다. 집주인 소개를 비롯하여 도어락 비밀번호도 바꿔주고, 가까운 마트는 어디에 있는지, 쓰레기는 어디에 버리는지, 집에 문제가 생기면 어디로 연락해야 하는지, 앞으로 출퇴근은 몇 번 버스를 어디에서 타면 되는지, 혹시 내 도움이 필요하면 연락하라고 휴대폰 번호까지 알려주고 나니 이 외국인의 한국 생활 매니저가 된 듯한 느낌이었다.

어떤 원어민을 만나느냐에 따라 업무의 난이도가 천차만별이라던데 내가 맡은 원어민은 한국에서 첫 교사 생활을 시작하는 신규 원어민이었기 때문에 도와줘야 할 일이 많았다. 일단 가장 먼저 외국인등록증을 만들었다. 원어민이 한국말을 전혀 못 했기 때문에 외국인등록증 발급에 필요한 서류를 하나부터 열까지 내가 직접 챙겼다. 혹시 몰라 서류 복사본을 두세 장씩 챙겨 원어민과 함께 출입국사무소에 갔다. 수업을 마치자마자 학교에서 두 시간 걸려 갔는데 학기 초라 대기가 많아 두 시간 정도를 기다린 후에야 발급 신청을 할 수 있었다.

다음으로는 은행 급여 계좌를 개설하러 갔다. 원어민을 데리고 학교 근처 은행에 가서 통장과 체크카드를 만들어주고 은행 앱 설치와 사용 방법 등을 알려주었다. 마지막으로 학교 인근 휴대폰 통신사 대리점을 돌며 가장 빠르고 친절한 곳에서 휴대폰 개통을 완료했다. 그렇게 눈코 뜰 새 없이 숨가쁘게 원어민의 한국 생활을 세팅해주고 나니 3월이 후딱 지나가 버렸다.

그런데 참 신기했다. 업무로 바쁘면 기가 빠지고 지치기 마련인데 이상하리만큼 활력이 돌았다. 그 이유가 무엇인가 곰곰이 생각해보니 원어민과의 Chatting(수다) 덕분이었다. 원어민이 한국말을 전혀 몰라 영어로만 대화해야 했는데 듣기가 안 되던 나의 귀가 열리면서 어느새 원어민과 신나게 수다를 떨고 있었다. 언어는 역시 몸으로 부딪치며 배워야 빨리 는다는 걸 실감했다. 출입국사무소에서 하염없이 대기할 때도, 은행에 사람이 많아 한 시간 동안 기다릴 때도, 휴대폰 개통에 문제가 있어 의사소통할 때도 쉴 새 없이 대화를 주고받다 보니 영어 회화 실력이 팍팍 느는 것이 느껴졌다.

당시 영어업무를 맡고서 생활 회화 연수를 들었다. 영어를 유창하게 하지 못했기 때문에 업무를 조금이나마 수월하게 해보고자 그 어느 때보다 열심히 들었던 것 같다. 그런데 연수보다도 원어민과 직접 만나서 배우는 게 훨씬 많았다. 내가 영어전담교사도 아니었고 원어민과 근무 장소도 달라서 3월에 세팅이 끝난 이후로는 길게 얘기할 시간이 현저히 줄어들었다. 그래서 원어민과 마주치게 되면 뭐라도 스몰 토크(Small talk)를 했다. 수업하는 데 어려움은 없는지, 아이들 참여도나 수업 태도는 어떤지부터 점심 식사는 했는지, 주말엔 무얼 했는지, 오늘 퇴근 후엔 저녁으로 뭘 먹을 건지 등의 시시콜콜한 이야기까지.

원어민은 외향적이고 긍정적인 성격이라 나의 서툰 영어에도 늘 웃으며 말했다. 내가 영어를 잘 못한다고 하자 매우 잘하는 편이라며 자신감을 북돋아 주기도 했다. 그리고 자신의 한국 생활 적응에 큰 도움을 주어서, 이곳에 온 걸 환영받는다고 느끼게 해주어서 고맙다며 손편지와 초콜릿을 선물하기도 했다. 편지 속 영어 필기체 아래에는 '감사합니다'라는 말이 한글로 또박또박 적혀있었다. 대가를 바라고 한 것도 아니고 해야 할 일을 한 것뿐인데 나의 수고를 알아주는 원어민에게 참 고마웠다.

학교 업무가 많아서 좋았던 적이 없었는데 처음으로 뿌듯했다. 신규 원어민이라 일거리가 많아 오히려 더 좋았다. 퇴사하는 MZ세대들이 공통으로 꼽는 퇴사 이유 중 하나는 '이 직장에서 더 이상 발전할 수 있다는 생각이 들지 않아서'라고 한다. 교사가 매너리즘에 빠지게 되는 이유도 비슷할 것 같다. 원어민 업무를 하며 영어 실력이 향상된다는 생각이 드니 매너리즘은커녕 활기가 생겼다. 업무에서도 내가 발전하고 성장할 수 있는 요소를 찾으면 훨씬 즐겁게 일할 수 있다는 것을 깨달았다. MZ교사를 다루는 법은 너무 쉽다. 교사 본인의 개인 역량을 성장시킬 수 있는 과업을 주는 것!

MZ교사도 결국 한국 사람

코미디 쇼 SNL 코리아의 인기 코너인 'MZ오피스'는 MZ세대를 풍자하며 웃음을 안긴다. 맑은 눈의 광인으로 불리는 신입사원은 눈치가 없는 건지 눈치를 안 보는 건지 하고 싶은 대로 행동하고, 하고 싶은 말을 거리낌 없이 한다. 겉은 트렌디하고 개성 있는 세대로 포장되어 있지만 실상은 솔직한 게 아니라 무례하고, 불합리하거나 수직적인 문화를 못 참는 게 아니라 이기적인 얌체라고 비꼬는 듯하다.

MZ세대 교사는 어떨까? 적어도 내가 느끼기엔 코미디 속 캐릭터 같은 MZ교사는 없다. 그저 하루하루를 치열하게 열심히 사는 전형적인 한국 사람이다. MZ교사가 워라밸을 중시한다고 해서 절대 게으른 것이 아니다. 교직과의 관련성 여부를 떠나 폭넓게 자기계발 하는 것을 중요하게 생각하기 때문에 여가 시간에도 무언가를 하며 부지런히 바쁘게 보낸다. 오죽하면 요즘 사람들은 자기를 계발한다는 명목으로 자기를 혹사시킨다는 말도 있을까.

남 눈치도 본다. MZ교사가 아무리 개인주의적인 성향이 강하다지만 DNA에 한국인의 공동체성이 뿌리 깊이 박혀있다. 눈치 보지 않고 당당하게 권리를 주장하는 것처럼 보이지만 사실은 눈치 본 끝에 용기를 낸 것이다. 남들만큼은 잘해내고 싶은 마음도 한국 사람이라면 다 똑같다. 아이나 어른이나 구세대나 신세대나 칭찬과 인정, 공감을 모두 좋아한다. 격려의 말 한마디에 더 잘하고 싶고 더 열심히 하게 된다.

MZ교사도 결국 한국 사람이다. MZ라고 다르지 않다. 그러니 세대를 뛰어넘어 같은 한국 사람으로서 서로가 서로를 이해하고 위로할 수 있기를, 좀 더 따스한 시선을 주고받을 수 있기를 희망해본다.

뭣이 중헌디

등교 거부 학생 졸업시키기 프로젝트

교사들은 각자의 교육관이 있다. 교육관은 한 번에 딱 형성되는 것이 아니라 시간이 흐르고 경력이 쌓이면서 자연스럽게 정립된다. 나의 첫 교육관은 뭐든 '잘'하는 학생을 길러내는 것이었다. 공부를 열심히 '잘' 하는 것, 친구와 사이좋게 '잘' 지내는 것, 선생님께 예의 바르게 '잘'하는 것, 학교생활 전반을 최선을 다해 '잘' 해내는 것.

완벽주의자였던 터라 아직 어린아이들에게도 완벽함을 요구하는 까칠한 교사였다. 그래서 이때 만났던 아이들에게 미안하다. 아이들은 나름대로 최선을 다해 열심히 했을 텐데 나의 '잘'하는 기준에 미치지 못하면 될 때까지 다그쳤기 때문이다. 더욱 최선을 다하기를, 더욱 열심히 하기를 바라면서.

이런 나의 교육관이 완전히 뒤바뀐 중차대한 일이 있었다. 6학년을 맡았던 해였다. 3월 2일, 6학년 담임은 처음이라 잔뜩 긴장했지만 티를 내지 않으려 노력했다. 개학 첫날이라 아이들도 모두 긴장한 채로 조용히 자리에 앉아있었다. 교실에는 적막만이 가득했다. 그런데 이때 한 아이가 5분 정도 지각했다. 카리스마 있게 혼을 내줘야 하나 싶었는데 첫날부터 혼내는 것은 서로에게 좋지 않을 것 같아 짧게 짚고 넘어가기로 했다.

"등교는 9시까지인 거 알고 있죠? 등교 시간을 꼭 지켜주기 바랍니다."

친절한 대사였지만 어조는 낮게 유지한 채로. 그런데 그게 화근이었나. 그 아이가 다음 날부터 학교에 나오지 않았다.

아진(가명)이 어머니께서는 아진이가 많이 아프다고 하셨다. 그런데 그다음 날도 아진이는 아프다는 이유로 계속 학교에 나오지 않았다. 학생 파악을 위해 작년 담임 선생님을 찾아갔다. 작년에도 주 2~3회씩은 결석했다고 했다. 사유는 만성질환. 하지만 몸보다도 마음이 아픈 것 같았다. 휴 어쩌나. 걱정이 앞섰다. 나의 낮고 무거운 말이 아진이의 마음을 더욱 무겁게 만든 것만 같았다. 부모님께서도 아이의 상황을 알고 계시고 등교를 위해 많은 노력을 기울이셨지만 아이의 고집이 완고하여 학교에 오게 하기가 쉽지 않았다.

아진이의 결석이 길어지자 학급 아이들도 왜 그 친구는 학교에 안 나오냐고 물었다. "몸이 안 좋아서요."라고 대답하고 어물쩍 넘어가려 했다. 그러자 아이들은 다들 고개를 갸우뚱거리며 아진이가 예전에는 그러지 않았다고 했다. 알고 보니 만성질환을 앓기 전에는 굉장히 적극적인 성격에 교우관계도 원만하고 학업 성취도도 높은 학생이었다. 그도 그럴 것이 아진이는 예의도 바르고 똑똑했다. 첫인상만으로도 느낄 수 있었다. 아진이의 과거를 알고서는 더욱 안타까운 마음이 들었다.

아파서 결석하니 무단결석은 아니었지만 등교 거부는 심각한 사안이었다. 매일 통화를 했다. 학부모님과 매일. 그리고 아이를 바꿔달라고 하여 아이와도 매일. 진심은 통할 것이라고 믿고 아이에게 진심으로 다가가려 노력했다. 아진이에게 오늘 컨디션은 어떤지, 밥은 먹었는지, 집에서는 무얼 하면서 시간을 보내는지 물었다. 아이가 학교에 나오지 않더라도 담임 선생님과 매일 통화하며 소소한 이야기를 나누는 과정을 통해 학교와의 끈을 놓지 않게 하려 했다. 통화를 마칠 때쯤에는 다음 날 학급에서 어떤 활동을 하니까 꼭 얼굴을 봤으면 좋겠다는 출석 독려도 잊지 않았다.

하지만 담임교사와의 소통만으로는 학교에 오게 할 동기가 부족했다. 그래서 학급 아이들에게 도움을 요청했다. 아진이가 학교에 오면 반갑게 맞아주고 몸은 괜찮은지 물어보며 응원해주도록 했다. 다행히 아이들이 잘 도와주었고 아진이가 학교에 올 때마다 교실이 떠나갈 듯 큰 박수와 환호성으로 맞아주었다. 아진이가 장기결석하면서도 학교에 부정적인 감정을 갖지 않았던 것은 우호적인 친구들의 영향이 컸을 것이라고 생각한다.

아진이를 전문기관과 연계해주기도 했다. 그러나 눈에 보이는 성과는 없었다. 아진이의 무거운 마음을 조금이나마 가볍게 만들어보려 했던 나의 갖은 노력에도 불구하고 아진이는 한 달에 한두 번 등교했다. 그마저도 늦게 와서 오자마자 인사만 하고 아프다는 이유로 조퇴한 경우가 대부분이었다.

2학기가 되자 조급해지기 시작했다. 졸업하려면 법정 수업일수를 채워야 하는데 답답할 따름이었다. 그나마 코로나 팬데믹 상황이라 체험학습 기간이 늘어나 가정학습 명목으로 꽤 오랫동안 출석 인정을 받을 수 있었다. 1학기 때는 법적으로 가능한 결석일수를 병결로 모두 쓰고 2학기 때는 체험학습으로 수업일수를 겨우 채워나갔다.

우려했던 대로, 12월에는 아진이가 등교하지 않으면 도저히 수업일수를 채우지 못하는 상황이 오고야 말았다. 오전에 한 번, 오후에 한 번 하루에 두 번씩 전화했다. 늦더라도 학교에 꼭 오라고 신신당부했다. 이제 더 이상의 시간이 없다며 단호하게 이야기하기도 했다. 아진이는 6교시 수업 끝나기 5분 전쯤 왔다. 나는 두 팔 벌려 환영했다. 아진이가 학교에 온 것이 정말 반가웠고 와줘서 너무 감사했다.

"우리 아진이 왔구나! 선생님이 오늘도 많이 기다렸어. 정말 잘 왔다! 내일도 꼭 오렴."

아진이는 짧게 인사하고 다시 집으로 돌아갔다. 그리고 그다음 날도 6교시 수업 끝나기 5분 전쯤 학교에 왔다. 그렇게 수업일수를 겨우 채워 아진이는 졸업했다.

내가 아진이를 졸업시키고 싶었던 마음은 아진이의 부모님만큼이나 간절했을 것이다. 아진이를 어떻게든 졸업시키고 싶었던 데에는 여러 가지 감정이 있었다. 학생에 대한 책임감, 6학년 담임교사로서의 의무감, 반 학생 전원이 무사히 졸업해야 한다는 강박감, 첫날 아진이의 지각을 짚고 넘어간 것에 대한 후회, 유급이 된다면 훗날 후회할지도 모를 아진이에 대한 걱정, 6학년 담임이었던 나를 원망하게 될 수도 있다는 두려움, 담임의 책무를 다하지 못했다는 자책감, 교사로서의 역량에 대한 자괴감. 이러한 감정들이 복합적으로 작용하며 아진이의 무사 졸업에 대한 바람이 날로 커져갔다.

아진이는 졸업식 날 편지를 써왔다.

선생님,

작년은 시간이 참 빨리 간 해인 것 같아요.

며칠 안 지나간 것 같은데 벌써 한 달이 지나가 있고.

우여곡절 끝에 진짜 유급도 바로 코앞에 두게 되고.

그래도 선생님이 지도해주셔서 여기까지 올 수 있었던 것 같아요.

선생님, 항상 감사드립니다.

편지를 읽으며 당시에는 뿌듯함보다 후련함이 더 컸다. 1년 동안 너무 애가 탔기에. 답답해서 울기도 많이 울었었다. 졸업식 날에는 아진이로 인해 쌓여온 답답함과 눈물이 모두 씻겨 내려가는 기분이었다.

졸업 후 스승의 날, 아진이가 찾아왔다. 중학교는 아주 잘 다니고 있다고 했다. 같이 온 제자들도 이제 아진이가 지각도, 조퇴도, 결석도 안 하고 학교에 잘 다닌다고 했다. 그제야 가슴속에 뿌듯함이 가득 차올랐다. 새로운 환경에 가서 새롭게 잘 시작하고 있구나 싶었다. 나의 노력이 헛되지 않았음을 확인받고, 내가 한 아이의 인생에 긍정적인 영향을 주었음을 느끼는 가슴 벅찬 순간이었다.

중요한 건 재밌는 거야

아진이를 만난 후 나의 교육관에는 큰 변화가 생겼다. 더 이상 '잘'하는 것은 중요하지 않았다. 학교를 매일 나온다는 것 자체가 학교생활을 이미 잘하고 있는 것이었다. 그 이상은 필요치 않았다. 이런 생각이 드니 매일같이 학교에 나오는 아이들이 정말 예쁘고 기특해 보였다. 그래서 어떻게 하면 아진이도 다른 아이들처럼 학교에 나오게 할 수 있을지 고민했다.

우선, 학교에 나오려면 학교에 가고 싶어야 했다. 그러려면 학교가 재미있는 곳이어야 했다. 그래, 바로 재미! 내가 놓치고 있는 부분이 그것이었다. 아이들은 재미있는 것을 좋아하고 재미있는 것을 계속하고 싫어 한다.

생각해보니 그것은 어른인 나도 마찬가지였다. 매년 2월에 교실을 옮기고 환경정리를 할 때 내가 가장 먼저 하는 일은 모니터 옆에 황민현 포토카드를 붙이는 것이다.(황민현은 뉴이스트, 워너원의 멤버였던 가수이자 배우로, 내가 가장 좋아하는 연예인이다. 매우 잘생겼다.) 올 한해도 잘 부탁한다는 경건한 마음으로 가장 잘 보이는 곳에 붙여둔다. 그리고 컴퓨터 바탕화면을 황민현 사진으로 바꾼다. 가능하면 내가 함께 찍힌, 비록 작은 점이지만 저 수많은 점 중 하나가 나인 게 분명한 콘서트나 페스티벌 사진으로. 이렇게 황민현으로 내 자리를 도배해놓는 이유는 바로 직장생활에서 조금이나마 재미를 찾기 위함이었다.(잘생긴 사람은 얼굴만 봐도 재밌으니까!)

아이들에게도 이런 재미가 필요했다. 학교생활에서 재미 요소가 있어야 했다. 가장 먼저 시도한 것은 난센스 퀴즈였다. 코로나 상황이라 쉬는 시간에 거리 두기를 할 수 있는 놀거리로 생각해낸 것이었다. 매일 세 개의 난센스 퀴즈를 내주고 하교 전에 모두 맞히면 학급 온도계를 1도 올렸다. 학급 온도계를 10도씩 달성할 때마다 글쓰기 패스, 영화 보기, 간식 파티 등의 보상을 주었다. 아이들은 난센스 퀴즈를 재미있어 했지만 몇 달이 지나니 흥미가 떨어진 게 눈에 보였다.

그래서 다음으로 시작한 것이 칭찬샤워였다. 매일 돌아가며 한 명씩 주인공이 되어 학급의 모든 친구들에게 칭찬을 받도록 했다. 부끄러워하면서도 즐거워하는 아이들을 보면 미소가 절로 지어졌다.

또 시도한 것은 신청곡 틀어주기. 내가 라디오 DJ가 된 것처럼 신청곡을 받고 음악 시간, 자투리 시간, 쉬는 시간, 점심시간에 노래를 틀어주었다. 한참 감수성이 풍부한 사춘기 학생들이라 본인의 신청곡 듣는 걸 무척이나 기대하고 기뻐했다. 널리 알려진 학급경영 활동들이었지만 교실에 굳이 도입할 생각이 없던 나에게는 새로운 시도들이었다.

물론 이러한 일련의 노력들로 아진이를 등교시키지는 못했다. 하지만 이것들은 나의 교육관을 정립하는 데 커다란 영향을 주었다. 나는 아이들이 잘하는 것보다 재미있는 학교생활을 하기를 원하게 되었다.

그 해 6학년 아이들이 졸업하면서 남긴 편지에는 다음과 같은 말들이 가득했다.

'선생님 덕분에 재미없는 학교를 재미있게 다닐 수 있었습니다.'

'요즘 학교 다니는 게 너무 재밌어요! 그래서 주말이 오면 빨리 학교 가고 싶다고 생각해요!'

'졸업이 얼마 안 남아서 슬퍼요.'

'6학년 너무 재미있었어요. 선생님이 제 담임 선생님이셔서 정말 좋았어요.'

중요한 것은 '잘'하는 게 아니라 '재미'있는 것이었다. 공부를 '재미'있게 하는 것, 친구와 '재미'있게 노는 것, 선생님과 '재미'있게 지내는 것, 학교생활을 '재미'있게 하는 것.

오늘도 무사히

몇 년 전, 2월 말에 새 학기 준비를 하면서 옆 반 선생님과 나누었던 대화가 기억난다.

"선생님, 저는 올해 우리 반 아이들 아무도 다치지 않고 무사히 진급시키는 게 목표예요."

"맞아요, 선생님. 그게 가장 중요하죠."

매년 업무일지 첫 페이지에 버킷리스트를 적는다. 1위는 언제나 '○학년 ○반 전원 무사 진급'. 무사히 진급시키는 것이 얼마나 어려운 일인지 알기에 더욱 간절히 바라게 된다.

학교에는 크고 작은 안전사고가 많다. 그리고 그 안전사고는 대개 눈 깜짝할 사이에 일어난다. 계단을 뛰어 내려가다가 발을 헛디뎌 이마가 찢어지기도 하고, 과학 실험 때 촛불을 손으로 잡아보려다 화상을 입기도 하고, 서로 힘자랑을 하다 창문 유리가 와장창 깨지기도 하고, 농구 경기를 하다 지나친 승부욕으로 인대가 늘어나기도 하고…. 학교에서 다치면 학교안전공제회를 통해 치료비를 지원받을 수 있는데 작년 한 해 우리 반 안전공제회 등록만 5건을 했다. 자잘하게 다친 것은 수도 없이 많다. 전교생이 150명 내외인데 보건실에 하루 50명 정도가 다녀간다고 하니 아이들은 잘 다치는 게 분명하다.

세월호 사건 이후로 학교에서 안전의 중요성이 대두되었다. 나 또한 재미보다 더 강조하는 것이 바로 안전이다. 1년 365일 교실 칠판 맨 위에는 예의, 배려, 안전이 크게 적혀있다.

안전한 교실을 지키려면 밀당이 필수다. 아이들은 자유로울 때 꼭 사고가 난다. 그래서 학년말에 안전사고가 유난히 많이 일어난다. 아이들도 선생님도 서로에게 익숙해져 긴장의 끈이 느슨해지기 때문이다. 이러한 사정으로 11월쯤 되면 오히려 더 엄격하게 지도한다. 작년에는 한 아이로부터 선생님 흑화하셨다고, 서운하다는 말도 들었다. 그럴 때는 또 살짝 풀어준다. 농담도 받아주고 같이 놀기도 하고. 그러다가 선을 넘으면 장난 안 받아준다고 협박 아닌 협박도 하면서. 그렇게 12월을 조금 따뜻하게 보내면 어느새 이별이다.

하루가 아무 사건 사고 없이 무사히 지나가는 것이 감사하다. 무탈한 하루하루가 모여 한 해가 가는 것이 다행스럽다. 한 해 한 해 아이들을 진급시킬 때마다 스스로 칭찬한다. 올해도 수고 많았다고. 더할 나위 없었다고. 그리고 종업식 날에는 꼭 맛있는 케이크를 먹는다. 아이들과 재밌게 지내면서도 늘 마음 한구석에 자리했던, 혹시라도 사고날까 봐 노심초사했던 불안과 걱정을 모두 내려놓고 달콤함과 부드러움, 여유를 마음껏 느끼며.

얘들아, 사랑한돠아아앗!

아이들이 좋아져 버렸다

"학교 선생님이면 아이들 좋아하시겠네요?"

소개팅 자리에서 숱하게 들었던 질문이다. 이 말을 들을 때마다 어떻게 대답해야 할지 난처해진다. 흔히들 교사라고 하면 아이들을 좋아할 것이라고 생각한다. 이해는 된다. 가수는 노래 부르는 것을, 운동선수는 운동하는 것을, 요리사는 요리하는 것을 좋아해서 그 직업을 선택했을 것 같으니까. 나도 교사의 전형적인 이미지를 생각하면 아이들과 함께 웃고 있는 모습이 떠오르니까. 하지만 나는 아이들을 좋아해서 교사가 된 게 아니라 안정적인 직업이라서 교사가 되었다. 지극히 현실적인 이유로.

어릴 때부터 가까이 사는 사촌 조카들이 많았지만 좋았던 기억은 별로 없다. 어린 조카들이 칭얼대는 소리가 시끄러워서 싫었고, 콧물 흘리고 밥도 여기저기 묻히고 먹는 모습이 지저분해서 싫었다. 그래서 교사가 되어서도 아이들을 좋아하게 될 거라고는 생각지 못했다. 딱히 아이들을 좋아하려고 노력한 적도 없었다. 무미건조해 보일 수 있지만, 나에게 아이들은 교육과정 속 지식, 기능, 태도를 가르쳐야 할 학생이라는 대상 그 이상도 이하도 아니었다. 그저 교사로서 나의 책무를 다하면 된다고, 마음까지 줄 필요는 없다고 생각했다.

그런데 아이들은 그냥 나를 좋아해줬다. 내가 별다른 걸 해주지 않았는데도. 그 이유에 대한 답을 찾는 데는 그리 오랜 시간이 걸리지 않았다. 아이들은 젊은 선생님을 좋아한다. 자기들과 나이 차이가 많이 나지 않으면 친근하게 느껴져서 좋은가보다.(그래서 나이 드는 게 두렵기도 하다.)

발령 첫해 교과전담이던 시절, 급식실에서 나를 발견한 1학년 아이들은 "어! 주연 선생님이다!"하며 반겨줬다. 그러면 나는 마치 연예인이 된 것처럼 활짝 웃으며 손을 흔들어줬다. 코로나 이후에는 마스크 때문에 입 모양이 보이지 않아 눈이 아주 초승달이 되도록 눈웃음을 만들었다.

물론 100% 마음에서 우러나오는 미소는 아니었다. 나를 좋아해주는 아이들에 대한 예의라고 생각해 열심히 반응해준 거였다. 그런데 이런 연예인 놀이를 계속하다 보니 나도 진짜 아이들이 좋아지기 시작했다. 아무 대가 없이, 아무 이유 없이 나에게 사랑을 주는 아이들을 보며 절대 열리지 않을 것만 같던 나의 마음이 조금씩 열리기 시작했다. 벽이 부서졌다기보다는 얼음이 녹는 것처럼, 그리고 얼음이 한 번 녹기 시작하면 빠르게 녹아버리는 것처럼.

점점 아이들이 귀여워 보이기 시작했다. 귀여워 보이면 답도 없다는데. 아이들이 손편지를 써서 주면 서랍 속에 고이 보관했다. 칠판에 내 얼굴을 그려놓으면 사진을 찍어 소중히 간직했다. 그림을 그려주면 모니터 아래에 붙여놓고 두고두고 보았다. 아이들이 말을 안 들을 때마다 보고 마음을 다스리기도 하면서.

아무것도 하지 않아도 나를 좋아해주는 아이들. 각박한 세상에서 무한하고 순수한 사랑을 주는 아이들. 별것 없는 나를 인기 많은 연예인으로 만들어주는 아이들. 팬이 있기에 연예인이 존재하는 것처럼, 아이들이 있기에 내가 있다. 그렇게 아이들이 좋아져 버렸다.

생애 최고의 생일 파티

교사가 되고 나서 아이들에게 가장 감동받았던 순간이 있다면 바로 작년 내 생일 때였다. 평소처럼 급식을 먹고 교실에 들어갔는데 갑자기 불이 꺼지고 생일 축하 BGM이 들렸다.

"생일 축하합니다~! 생일 축하합니다~! 사랑하는 주연쌤, 생일 축하합니다~!"

어머, 이게 무슨 일이야? 깜짝 생일 파티라니! 반 아이들이 나를 에워싸고 생일 축하 노래를 불러주며 왕리본 머리띠와 생일 케이크 장식이 달린 선글라스를 씌워주었다.

감동의 도가니에 빠져 정신을 못 차리고 있었는데, 아이들은 벌써 감동받긴 이르다는 듯 "선생님, 이쪽으로 와보세요!" 하며 나를 끌고 칠판 앞으로 데려갔다. 칠판에는 아이들이 한 글자, 한 글자 정성스레 적은 생일 축하 글이 가득했다. 하나하나 모두 눈에 담고 싶어 천천히 읽어보는 와중에 롤링페이퍼까지 안겨주니 뭉클해지는 마음을 주체할 수 없었다.

계속 "감동이야ㅠㅠ"라고 말하는 나에게 아이들은 여기 좀 보라면서 연신 사진을 찍었다. 나는 포토월 앞에 선 셀럽이고 본인들은 기자들이 된 것처럼. 아이들이 신난 모습에 나도 신이 나서 부끄러움은 집어 던지고 정말 모델이 된 듯 각종 하이패션 포즈를 취했다. 아이들은 "선생님, 소감이 어떠세요?" 하며 인터뷰를 했다. "감동, 감동"이라는 말을 수없이 반복했다. 그보다 더 적절한 표현이 없었다.

이렇게 감동받는 내 모습을 아이들이 놓치지 않고 사진으로 담아 주었다. 또 당시에는 몰랐지만 교실에 무려 6개의 휴대폰을 미리 설치해 두고 생일 파티 준비 과정부터 내가 교실로 입장하는 순간, 생일 파티가 끝나는 순간까지의 전 과정을 생생한 영상으로 남겨주었다. 나중에 학급 밴드에 올려준 영상을 보니 아이들이 너무나도 신나게 생일 파티를 준비하고 있었다. 다들 신이 나서 분주히 움직이는 모습이 정말 귀엽고 기특했다. 나를 생각해주는 마음이, 나를 향한 따뜻한 사랑이 눈물 나게 고마웠다. 아이들이 찍어준 모든 사진과 영상은 너무 소중해서 저장은 물론 백업까지 해두었다.

빈틈없이 행복하다는 것을 처음 느꼈다. 학년 초에 아이들이 생일을 묻길래 지나가듯이 말한 게 전부였는데, 한 아이가 그걸 기억하고 내 생일 전날에 학교 앞 슈퍼 평상에 모여 친구들과 계획을 짜고 역할 분담을 했다고 한다. 그날 아이들이 하교할 때까지 나는 머리띠와 선글라스를 벗지 않았다. 점심시간에 생일 파티를 하고 다음 체육시간에 당당히 운동장에 머리띠와 선글라스를 하고 나갔다. 다른 반 아이들과 선생님, 스포츠 강사님까지도 나를 보며 풉풉 웃었지만 그 웃음마저 나를 행복하게 만들었다. 행복해하는 내 모습을 보고 우리 반 아이들은 본인들이 준비해준 거라며 매우 뿌듯해했다.

퇴근길에 곧바로 카카오톡 프로필 사진을 바꿨다. 메인에는 생일 축하 문구가 가득한 칠판 앞에서 머리띠와 선글라스를 쓴 채로 롤링페이퍼를 들고 하이패션 포즈를 취하고 있는 내 사진을, 배경에는 나를 둘러싸고 힘찬 목소리로 생일 축하 노래를 불러주는 아이들의 모습이 담긴 영상을 넣었다. 유독 엄격한 도덕적 잣대로 교사를 바라보는 타인의 시선이 달갑지 않아 친한 사람들 외에는 직업을 잘 밝히지 않는 편이었지만 그날만큼은 달랐다. 남 신경 쓰지 않고 행복한 나의 모습을 기억하고 싶었고 예쁜 우리 반 아이들을 자랑하고 싶었다. 앞으로도 내 생에 이렇게 기분 좋고 감동적인 생일 파티는 없을 것 같다. 정말 잊지 못할 생일 파티였다.

사랑했다, 얘들아

우리 반은 "사랑합니다." 인사를 한다. 하교할 때 "안녕히 계세요."나 "감사합니다."가 아니라 "사랑합니다."라고 인사하는 것이다. 기간제 교사 때부터 하고 있는 것인데 처음에는 큰 의미가 없었다. '안녕히 계세요'나 '감사합니다'는 너무 평범해서 재미없고, '사랑합니다'는 다른 인사말보다 더 따뜻하게 느껴지기 때문이랄까. 감성이 별로 없는 나 자신에게 감성을 한 스푼 더하기 위함이기도 했다.

그런데 아이들이 점점 좋아지면서 이 인사말에 진심이 되었다. 종업식 날 아이들에게 생활기록부를 나눠주면서 프리허그를 했다. 물론 자유의사에 따라, 내가 양팔을 벌렸을 때 나를 꽉 껴안으면 안아줄 것이고, 손을 내밀면 악수를 할 것이라고 했다. 수줍음이 많은 남학생 몇 명을 제외하고 대부분은 나를 꽉 껴안았다. 생각보다 너무 꽉 안아서 놀랐다. 선생님 한 번 더 안고 싶다고 백허그를 하는 여학생들도 있었다. 아이들이 생각보다 선생님과의 스킨십을 좋아했다. 더 많이 안아줄 수 있다면 좋았을 텐데. 망할 코로나.

내가 아이들을 예뻐하게 될 거라고는 꿈에도 생각지 못했는데 이 일을 계속하다 보니 어느새 아이들을 진정으로 사랑하게 되었다.

해마다 학년말이 되면 '선생님과 친구들에게 마지막으로 하고 싶은 말'을 주제로 글쓰기 과제를 내준다. 아이들은 저마다의 방식으로 내게 편지를 쓴다. 나는 한 명 한 명에게 정성껏 답글을 달아준다. 그리고 그 답글의 마지막은 늘 '사랑한다, ○○아'이다. 진심이다. 헤어짐은 언제나 아쉽지만 1년간의 만남은 소중한 추억으로 남는다. 진심으로 사랑했다, 얘들아!

학부모 앞에서 더욱 프로가 된다

난 프로니까

첫 학부모총회날이 떠오른다. 달달 떨리는 손과 목소리로 땀을 삐질삐질 흘리며 겨우 마쳤던 기억. 학부모총회를 적어도 세 번 이상 참석해 보았을 학부모님들 앞에서 학부모총회를 처음 하던 나는 한없이 작아졌다. 마치 면접장에 와서 심판대에 선 것 같은 기분이었다. 학부모님들이 무례한 질문을 하시거나 무시하는 태도를 보이신 것은 아니었다. 그저 내가 처음이라 자신이 없었을 뿐.

이제는 조금 익숙해진 학부모총회가 지나가면 곧 학부모 상담 시즌이다. 학부모 상담을 하고 나면 자칫 껄끄럽게 느껴질 수 있는 말들이 기억에 오래 남는다. 그런 말을 들을 때마다 나는 프로답게 대처하려고 한다. '난 프로니까'를 마음에 새기고 전문가의 면모를 보여주려 노력한다. 나의 전문성을 과시하려는 것도, 학부모님과 기싸움을 해보려는 것도 아니다. 학부모님이 교사를 신뢰해야 교육이 제대로 이루어질 수 있기 때문이다. 담임교사와 학부모가 서로 다른 방향으로 지도하면 아이는 길을 잃고 만다.

기억에 오래 남았던 말들은 다음과 같다.

❶ "선생님은 아이를 안 키워보셔서 모르시겠지만."

당연하다. 아이를 안 키워봤으니 모르는 부분이 있을 수 있다. 아주 많겠지. 하지만 교사가 자기 자식을 낳아 키워봐야지만 학생 지도를 잘하는 것은 아니다. 의사가 환자를 상대한다고 해서 꼭 아파봐야 치료를 잘하는 것은 아닌 것처럼. 그래도 그 말속에는 우리 아이를 좀 더 이해해주시고 사랑해달라는 당부의 마음이 담겨 있는 것을 안다.

프로답게 말한다.

"제가 ○○이 좀 더 신경 쓰겠습니다. 가정에서도 학교생활에 대해 많이 물어봐 주시고 살펴주세요."

마음에서 우러나오는 진심이다.

❷ "집에서는 안 그러는데."

이 역시 당연하다. 가정에서 아이의 모습과 학교에서 아이의 모습은 다를 수밖에 없다. 어른도 집에서의 모습과 직장에서의 모습이 다른데 아이라고 같을 수는 없다. 아이는 학교에서 다수의 친구들과 함께 지낸다. 부모와 일대일로 상호작용하는 모습과 또래들과 다대다로 상호작용하는 모습은 다르다. 교사는 그걸 알 수 있는 사람이고 그 모습을 학부모님께 알려줄 수 있는 사람이다.

"학교에서 여러 친구들과 지내는 모습은 또 다를 수 있으니까요."

아이의 또 다른 자아를 이해하실 수 있기를 바라는 마음이다.

❸ "작년에는 안 그랬는데."

너무나 당연하다. 아이들은 자라니까 작년과 올해의 모습이 다를 수밖에 없다. 키도 크고 몸무게도 늘고 생각도 자라고 마음도 성장하고. 또래 집단의 영향을 많이 받는 시기인 만큼 주변 친구들에 따른 환경적인 영향도 크다.

"아이들은 자라니까요. 앞으로 또 어떻게 변화하고 성장할지 모르죠. 아이가 긍정적인 성장을 할 수 있도록 돕고 싶어요."

아이의 바른 성장을 위해 함께해주시기를 부탁드린다.

학부모님을 대할 때 늘 생각하는 것이 있다. '난 프로니까.' 학부모님도 우왕좌왕하는 아마추어보다는 프로 마인드를 가진 교사를 좋아하시지 않을까? 하지만 아직도 학부모님께 전화를 걸기 전에는 할 말을 미리 정리해두고 목소리를 한 번 가다듬는다. 심호흡을 하고 프로의 마음가짐을 장착한다. 살짝 떨리는 마음을 넣어두면서.

반존대엔 반존대로 대답해요

한 학부모님과 전화상담을 할 때의 일이다. 자꾸 반말을 섞어 말씀하시는 것이 불편했다. 예를 들면 이런 식이다.

"요즘 아이들이 그렇더라고. 그래서 나도… 선생님, 어쨌든 잘 부탁드려요."

나보다 나이가 훨씬 많은 어른에게 차마 반말을 할 수는 없었기에 별다른 대응도 하지 못한 채 찜찜한 마음으로 상담을 마쳤다. 그런데 그다음 통화에서도 반말과 존댓말을 오가셨다. '참지 않아' 마인드로 진지하게 반말을 하지 말아달라고 하기에는 또 내가 너무 예민해 보일까 걱정되었다. 그분이 혼잣말처럼 지나가듯 말씀하실 때만 반말을 하셨기 때문이다.

아무리 생각해도 찝찝하고, 가만히 있으면 바보가 되는 것 같아 은근하게 불편함을 내비치기로 했다. 학부모님이 반말을 하실 때는 "네네"라고 하지 않고 "아, 그러셨구나~" 또는 "아, 그렇구나~"라고 대답하며 소심한 복수(?)를 했다. 알아채셨을까 내심 기대했지만 그분은 다음 통화 때도 여전히 반존대를 하셨다. 결과적으로 바뀐 건 아무것도 없었다. 그런데 신기하게도 전보다는 훨씬 덜 불편했다. 나만의 조용한 대처로 정신 승리를 한 기분이었을까.

몇 년간 교사 생활을 하다 보니 이제는 반존대쯤이야 별것 아니게 느껴진다. 하지만 확실히 존댓말로 친절하게 말씀하시는 학부모님께는 존경심이 생긴다. 교사를 존중해주시는 느낌이 들어 나 또한 그분의 자녀교육 철학에 좀 더 신뢰가 가고 존중의 마음을 갖게 된다. 존댓말은 서로를 존중하는 언어임이 분명하다.

아직은 두렵습니다만

학부모님께 코로나 관련 등교 지침을 안내해야 한 적이 있었다. 동거인 중 확진자가 있으면 2일에 한 번씩 PCR검사를 받고 음성이 나와야 등교할 수 있다는 지침이었다. 학부모님은 그 힘들고 번거로운 검사를 어떻게 2일에 한 번씩 하느냐며 언성을 높이셨다. 공문에 따른 것이었기 때문에 나는 학부모님의 말씀이 이해는 되지만 규정이 그렇다고밖에 대답할 수 없었고 학부모님은 마지못해 수긍하시고 전화를 끊으셨다.

수화기를 내려놓는 순간, 손이 부들부들 떨리고 심장이 요동쳤다. 머리부터 등까지 땀으로 흠뻑 젖어있었다. 민원을 받은 것도 아니고 막말을 들은 것도 아니었지만 학부모님이 흥분해서 언성을 높인 것만으로 지레 겁을 먹었다. 평소에 예의가 없는 분도 아니었기에 당황한 탓도 있었다. 퇴근 후 엄마에게 전화했다. 엄마 목소리를 듣자마자 긴장이 풀리면서 눈물이 터져 나왔다. 아이처럼 목놓아 엉엉 울어버리고 말았다. 엄마는 너무 걱정하지 말라고, 시간이 지나면 다 괜찮아질 거라며 토닥여 주셨다.

학부모님은 참 어려운 존재다. 학생을 사이에 두고 가깝고도 먼 사이. 좋을 땐 화기애애하지만 또 언제 어떻게 불편해질지 모르는 사이. 그 적정한 거리를 지키는 것이 중요한 것 같다. 다행히도 아직까지는 소위 말하는 진상 학부모를 만난 적은 없다. 운이 좋다고 말하기엔 이르다. 내일이라도 만날지 모르니까. 상식 밖의 학부모와 얽혀 소송까지 갔다는 에피소드를 들으면 몸서리가 쳐진다. 걸어온 길보다 걸어가야 할 길이 더 많이 남았기에 앞으로 어떤 가시밭길을 만날까 두렵기도 하다. 하지만 엄마 말대로 걱정한다고 해결되는 것은 없다. 그저 한 발 한 발 나아갈 수밖에.

한번은 학년에서 우리 반과 옆 반 학생이 얽힌 자잘한 교우관계 문제가 있었다. 우리 반 학부모님이 상담하고 싶으시다며 학교로 찾아오셨다. 학부모님은 굳은 표정으로 한참을 이야기하셨다. 우리 반 학부모님이었기에 내가 해결하려는데 옆에서 이야기를 듣고 계셨던 학년부장님이 나서서 말씀하셨다. 학년부장이셨던 한부장님이 뭐라고 말씀하셨는지 구체적으로 기억나지는 않는다. 한부장님의 자신감 있는 말투와 여유로운 태도, 힘 있는 목소리만이 명확하게 기억난다.

상담이 끝나고 학부모님은 웃음을 지으며 돌아가셨다. 그 웃음에서 만족감과 안도감이 느껴졌다. 나는 연신 감탄하며 한부장님께 대단하시다고 말했다. 그러자 한부장님께서 말씀하셨다.

"자기야, 나는 짬밥이 있잖아~"

역시 경력자는 다르구나. 아직 갈 길이 멀게 느껴졌다. 하지만 한편으로는 희망도 생겼다. 몇 년 후에는 나도 학부모님께 미소를 안겨줄 수 있을 것이라는 희망. 시간의 힘을 굳게 믿는다. 프로의 오르막길이 높더라도, 그 길이 길고 험난하더라도 거북이처럼 꿋꿋하게 나아가야겠다.

중요한 건 꺾이지 않는 마음

우리 지금 이거 맞아?

사전에 따르면 '적성'은 '어떤 일에 알맞은 성질이나 적응 능력, 또는 그와 같은 소질이나 성격'이다. 간단하게 말해 적성이 '능력'이라고 한다면 교사라는 직업은 나의 적성에 잘 맞다. 학생들을 가르치는 일이나 행정 업무를 수행하는 능력이 부족하지는 않은 것 같다. 하지만 이 직업이 나의 흥미에도 맞는지 생각해보면 솔직히 잘 모르겠다. 흥미는 '흥을 느끼는 재미, 어떤 대상에 마음이 끌린다는 감정을 수반하는 관심'이라고 한다. 물론 교실에서 아이들과 재미있게 지내려 노력하고 재미있을 때도 많지만 그건 나의 노력에 의한 것이지 자연스럽게 느껴지는 감정은 아니었다.

생각해보면 어릴 때부터 흥미를 느꼈던 것은 연기였다. 연기하는 것을 좋아했고 재미있어했다. 중학생 때는 선생님들의 특징을 잡아 친구들 앞에서 성대모사, 표정모사, 행동모사를 자주 하곤 했다. 수업이 끝난 후 교탁에 서서 과목별 선생님들을 따라 하면 친구들은 배를 잡고 웃었다. 마음 한편에는 늘 배우를 꿈꿨지만 부모님의 권유와 현실적인 이유로 교직을 선택했고 교사가 되었다. 막상 해보니 적성에는 잘 맞았다. 그렇게 시간이 흘러 1급 정교사 자격증까지 받았다.

그런데도 자꾸만 고민이 되었다. 이 길이 맞나? 적성에도 안 맞고 흥미도 없으면 결정하기가 더 쉬울 텐데, 적성에는 잘 맞는데 흥미가 없을 뿐이니. 이 일을 계속해야 하나, 아니면 지금이라도 꿈을 찾아가야 하나? 스스로 묻고 또 물었다. 누군가는 손에 쥔 것을 놓아야 새로운 기회를 잡을 수 있다고 했다. 하지만 내가 몸담고 있는 교직을 그만두기에는 솔직히 아쉬웠다. 안정적이고 워라밸도 보장되며 요즘엔 교권이 많이 추락했지만 그래도 사회적으로 무시 받지 않는 직업이었다.

지금 배우를 하겠다며 진로를 틀면 아무것도 보장되는 것이 없다. 교사였다가 배우로 전향한 유튜버의 영상도 찾아보고, 뮤지컬 조연출로 일하고 있는 지인의 이야기도 들어봤지만 안정성, 워라밸은 먼 나라 이야기였다. 웬만한 각오 없이 뛰어들었다가는 평탄한 대로만 달리다가 갑자기 울퉁불퉁한 비포장도로를 이정표도 없이 걷는 느낌일 것 같았다. 그래서 교직을 내 손으로 포기할 수는 없었다.

진로 고민은 늘 숙제처럼 나를 따라다녔다. 아이들과 함께 K-POP 뮤직비디오를 보면서 춤을 따라 추며 웃다가도, 담당 업무의 행사를 무사히 마쳐 뿌듯하다가도 퇴근하는 길이면 문득문득 떠올랐다. 이런 진로 고민은 나만 가지고 있는 것이 아니었다. 교대 친구들과 만나면 학교 이야기, 아이들 이야기를 신나게 하다가도 항상 마지막에는 진로에 대한 고민을 나눴다. 사람이 살면서 직업을 세 번은 바꾼다는데 이 직업을 언제까지 하게 될까, 세 번 중 한 번이 지금일까 싶었다.

우리가 자꾸 고민하는 이유는 교직에 완전히 만족하지 못하고 있기 때문이었다. 그리고 그 원인은 대개 월급, 연금 등의 경제적 문제, 학생과 학부모, 관리자 등 인간관계 문제, 꿈과 적성의 문제 셋 중 하나로 귀결되었다.

교직 탈출과 현실 타협의 사이에서

교직이 상상과 달랐던 사람이라면 누구나 교직 탈출을 꿈꿔봤을 것이다. 아니, 사회초년생이라면 누구나 한 번쯤은 직장 탈출을 꿈꿔봤겠지. 현실과 이상은 다르니까. 나와 내 주변 친구들도 마찬가지였다.

"지금 탈출할까? 몇 년은 더 해보고 탈출할까? 누가 먼저 탈출하게 될까? 누구라도 먼저 탈출해주겠니? 대리만족도 시켜주고 후기도 좀 들려줘. 이러다 우리 다 탈출 못하는 거 아냐?"

농담 반 진담 반으로 이런 대화를 했다.

자기 직업에 100% 만족하는 사람은 매우 드물겠지만 우리가 교직에 만족하지 못하는, 그래서 자꾸 고민하게 만드는 가장 큰 이유는 경제적 문제였다. 공무원은 작고 소중한 월급을 안정적으로 받는다지만 점점 더 작아 보이는 월급이 더 이상 안정적으로 느껴지지 않았다. 이 돈을 모아서는 서울에 내 집 마련은 꿈도 꿀 수 없었다. 사기업에 다니는 또래 친구들과 비교했을 때 턱없이 적은 연봉, 물가 상승률이 7%라는데 고작 1.7% 인상되어서 삭감된 거나 다름없는 월급, 여러 번의 개정으로 이미 낸 것보다 적게 받는데 또 개정될 거라는 공무원연금.

실제로 물가 인상이 체감되자 월급이 부족해지는 것을 느꼈다. 생활 패턴은 비슷한데 자꾸 마이너스가 났다. 해마다 해외여행을 가거나 명품을 사는 것도 아닌데 주머니 사정이 훨씬 빠듯해졌다. 2023년 9급 공무원 월급이 최저시급 급여보다 적으니 말 다했다. 연금 쪽 사정은 더욱 심각하다. 우리가 30년 일하며 기여금을 꼬박꼬박 내도 많아야 월 150만 원 정도를 받는다고 하니 노후보장은 물 건너갔다. 친구들과 맨날 기여금 안 내고 연금 안 받고 싶다는 말을 하곤 한다.

다음은 인간관계 문제. 교사는 안정적인 직업이라고 하지만 인간관계에서만큼은 그렇지 못하다. 매년 새로운 학생과 학부모를 만나기에 어떤 사람들을 만날지 모르기 때문이다. 일보다 사람이 힘들다는 것은 불변의 진리다. 관리자도 마찬가지다. 좋은 관리자도 있지만 그렇지 않은 관리자도 있다. 갑질 신고 제도가 있긴 하지만 애초에 그 제도를 이용할 일이 없어야 한다.

마지막으로는 꿈과 적성의 문제다. 실제로 다른 문제가 아닌, 교직이 적성에 맞지 않아 이직하는 경우도 있다. 절이 싫으면 중이 떠나야지 하는 심정으로 이직을 고민하다가도 지금 당장 이직할 수는 없으니 일단 올해만 버텨볼까 하는 생각으로 출근한다. 그렇게 하루하루 바쁜 일상에 치여 진로 고민을 잠시 잊고 살다가도, 퇴근 후 수능 공부를 해서 의대에 갔다는 동기나 의원면직을 하고 사기업에 취직했다는 후배의 이야기를 들으면 또다시 머릿속이 복잡해진다. 주변에 수능 공부를 시작하거나 전문직 시험을 준비하는 친구들을 보고 있노라면 조급한 마음도 든다. 다들 이렇게 뭔가를 결심하고 행동으로 움직이는데 나만 방구석에서 고민만 하고 있는 것 같아 답답해진다.

어느 날, 초등교사 커뮤니티에서 전문직 시험에 합격하여 교직을 떠나게 된 선생님의 수기를 보게 되었다. 축하한다, 응원한다는 댓글이 수없이 이어졌다. 동감이었다. 목표한 바를 성취해내신 노력과 끈기에 진심으로 박수를 보내면서도, 쉽지 않은 결정을 하신 용기가 무척 부러웠다. 나도 전문직 시험에 도전하거나 박사과정이라도 밟아야 하나 싶은 생각이 스치기도 했다. 하지만 새로운 길에 대한 확신도, 자신도 없고 또 진짜 하고 싶은 것도 아니었으니 고민만 하다 접어두기를 반복했다.

이런 시기에 학교 폭력 사건이 일어나거나 관리자의 무리한 업무 지시를 받으면 현타가 온다. 부모님께 솔직한 심정을 토로했더니 아빠가 현타가 무슨 뜻인지 물으셨다. 나는 '현실 자각 타임'이라고, 헛된 꿈이나 망상에 빠져 있다가 자기가 처한 실제 상황을 깨닫게 되는 순간이라고 말해줬다. 그랬더니 아빠가 현타의 뜻은 그게 아니란다. '현실과 타협하라.'는 뜻이란다. 아빠의 농담에 정말 오랜만에 원 없이 웃었던 것 같다. 힘들어하는 딸을 위로해주고 싶은 아빠의 따뜻한 마음이 느껴지는 한편, 정신이 또렷해졌다.

'그래, 도망쳐 간 곳에 유토피아는 없어. 현실과 타협할 필요도 있지.'

좋아하는 연기를 하면서 적성에 맞는 교사 일을 같이하는 방법으로 생각해낸 타협안은 연기한다는 생각으로 교직 생활을 하는 것이었다. 나는 배우, 아이들은 관객, 교실은 무대, 나의 모든 말은 대사. 정해진 대본이 있는 것은 아니지만 매 순간 표정, 말투, 행동 하나하나 즉흥극을 연기하고 있다고 생각하니 이 일이 꽤 흥미로워졌다. 알록달록해졌달까.

특히 개인적인 감정이 지도로 이어지지 않도록 나름 괜찮은 교사를 연기하려 노력할 때는 흥미를 넘어 교사로서의 성장까지 있었다. ADHD 치료 중이라 수업에 집중하지 못하는 아이에게 감정적으로 화가 나는 경우가 많았는데 이게 연출된 상황이라고 생각하니 평정심을 찾을 수 있었다. 장난기 많은 아이가 사물함 위에 올라가 뛰어다닐 때는 아이의 안전을 위해 화난 척 연기를 했다. 정말로 화가 난 것은 아니었지만 아이에게 경각심을 주기 위해 화난 감정을 선택했다. 그러니 아이들 앞에서 감정 조절이 훨씬 수월함은 물론, 일관성 있는 지도를 할 수 있었다. 당분간은 이 방식을 계속해보려고 한다. 앞으로도 내 앞에 어떤 장면들이 연출될지 기대된다.

주저 없이 고민 Go!

연기한다는 생각으로 교직 생활을 하며 아이들과 재미있게 하루하루를 보내던 어느 날, 한 아이와 이런 대화를 한 적이 있다.

"선생님은 어릴 때 꿈이 선생님이었어요?"

"… 아니."

"그럼 꿈이 뭐였어요?"

"선생님 꿈은 배우였어."

"지금도 그게 꿈이에요?"

"… 응."

"그럼 지금이라도 하면 되잖아요. 늦었다고 생각할 때가 가장 빠른 거래요."

너무나도 당연한 듯 얘기하는 아이의 말에 갑자기 없던 용기가 샘솟았다. 그래, 지금이라도 하자! 해보자! 연기하는 교사로 타협을 봤다고 해서 배우의 꿈이 완전히 사라진 것은 아니었다. 아이의 말을 듣고 일단 교사 극단에 들어가 연기를 배워보기로 했다. 일반인 극단에 들어갈까 싶기도 했지만 아무래도 교사 집단이 더 친숙할 것 같았다. 용기가 부족한 나를 좀 더 키운 뒤에 넓은 세상으로 가보기로 했다.

언젠가 연기의 매력에 빠져 교사를 그만두고 진짜 배우의 길을 걷게 될지는 모를 일이다. 다만 한 가지 확실한 건, 끊임없이 진로 고민을 하다 보니 교사로서의 성장까지 경험하게 되었다는 사실이다. 젊은 교사들의 끊임없는 이직 고민, 진로 고민이 단지 소모적으로 느껴지지만은 않는 이유이다. 고민하는 사람이 살길을 찾는다. 고민하는 사람만이 성장한다. 고민하는 자신을 신세 한탄이라고 치부하거나 자책하지 않았으면 좋겠다. 고민을 오픈하고 함께 이야기하는 사람들이 더 많아졌으면 좋겠다. 고민을 나누는 것만으로도 고민의 무게는 줄고 위로는 더해지니까. 운이 좋으면 해답을 찾을지도 모르고.

앞으로도 나는 고민을 계속할 것 같다. 여전히 경제적 문제, 인간관계, 꿈 등 현실적인 문제들이 나를 괴롭힐 때도 있다. 하지만 이제 이런 고민 앞에 주눅 들지 않는다. 고민은 나를 성장시키는 원동력이 되기 때문이다. 그래서 고민하는 시간이 절대 헛되지 않음을 안다. 중요한 건 꺾이지 않는 마음이라고 했다. 지금처럼 내 삶에 매일매일 최선을 다하고, 한 발 한 발 포기하지 않고 나아가며, 주저 없이 고민을 계속할 것이다.